LA GUERRA YA TERMINÓ

Por

Andrew Wommack

Título en inglés: *The War is Over*

ISBN: 978-168031-029-0

P.O. Box 3333
Colorado Springs, CO 80934-3333
www.awmi.net

Traducido por: Citlalli Macy y René M. Tapia
Edición en Español Copyright 2008

Publicado por Harrison House Publishers
Tulsa, OK 74145

Contenido

Introducción

La Guerra Ya Terminó te pondrá contento o enojado, pero ya no serás indiferente. Usando La Palabra de Dios, confronto una gran cantidad de enseñanza religiosa disfrazada de "Cristianismo" hoy en día y establezco la verdad del Evangelio. Mucha gente me ha dicho que al principio se escandalizaron, pero que fueron liberados a medida que meditaron sobre estas verdades (Jn. 8: 32).

Es necesario hacer algunos cambios radicales en las creencias de la mayoría de los Cristianos. La Palabra claramente revela que si no estamos obteniendo los resultados correctos, es porque no estamos creyendo lo correcto.

Porque cual es su pensamiento en su corazón, tal es él.

Proverbios 23:7

Entiendo que haya una resistencia a cambiar nuestra forma de pensar pero es nuestra forma de pensar la que nos ha hecho ser como somos. La mayoría de los Cristianos que he conocido sienten que hay muchas posibilidades para mejorar la forma en que están recibiendo de Dios.

Por lo tanto, te exhorto a que no rechaces las verdades presentadas en este libro simplemente porque suenan diferente. Escucha al Señor y permítele que te hable. Serás bendecido al saber que ***¡La Guerra Ya Terminó!***

CAPÍTULO 1

Buena Voluntad Para Con Los Hombres

Había pastores en la misma región, que velaban y guardaban las vigilias de la noche sobre su rebaño. Y he aquí, se les presentó un ángel del Señor, y la gloria del Señor los rodeó de resplandor; y tuvieron gran temor. Pero el ángel les dijo: No temáis; porque he aquí os doy nuevas de gran gozo, que será para todo el pueblo: que os ha nacido hoy, en la ciudad de David, un Salvador, que es CRISTO el Señor. Esto os servirá de señal: Hallaréis al niño envuelto en pañales, acostado en un pesebre.

Lucas 2:8-12

Y repentinamente apareció con el ángel una multitud de las huestes celestiales, que alababan a Dios, y decían: ¡Gloria a Dios en las alturas, y en la tierra paz, buena voluntad para con los hombres!

Lucas 2:13-14

Éste es un pasaje muy conocido de Las Escrituras. A menudo lo usamos para crear una atmósfera y sentir el "Espíritu

Navideño". Por lo tanto, en realidad no pensamos sobre lo que dice.

En lugar de "*Gloria a Dios en las alturas, y en la tierra paz, buena voluntad para con los hombres*", muchas traducciones en realidad toman a Lucas 2:14 como si dijera: "*paz entre los hombres*", "*paz para con los hombres de buena voluntad*" o algo similar. Puesto que tiende a ser la interpretación dominante, la mayoría de la gente piensa que los ángeles estaban proclamando que la llegada de Jesús detendría la división, terminaría con los pleitos e introduciría una nueva era de paz en la tierra. Creen que este anuncio significa que el Señor había venido para traer paz entre los hombres. Sin embargo, esto no es lo que este versículo está diciendo.

Una Espada

Jesús mismo declaró:

> *No penséis que he venido para traer paz en la tierra; no he venido para traer paz sino espada. Porque he venido para poner en disensión al hombre contra su padre, a la hija contra su madre, y a la nuera contra su suegra; y los enemigos del hombre serán los de su casa.*
>
> Mateo 10:34-36

El Señor también profetizó que una de las señales de los últimos tiempos será el incremento en la guerra, la división y el conflicto.

> *Y oiréis de guerras y rumores de guerras; mirad no os turbéis, porque es necesario que todo esto acontezca; pero aún no es el fin. Porque se levantará nación contra nación, y reino contra reino; y habrá pestes*

y hambres y terremotos en diferentes lugares. Y todo esto será principio de dolores.

Mateo 24:6-8

Tú simplemente no puedes defender el punto de vista de que Jesucristo vino a traer paz entre la gente. Ahora bien, es cierto que hay beneficios disponibles para aquellos que recibirán al Príncipe de Paz en sus corazones. Por la gracia de Dios, puedes voltear la otra mejilla, amar a tus enemigos, y operar en un nivel diferente de amor (Lc.6: 27-29; 1 Co.13). No dudo que ha habido una gran paz entre los hombres como subproducto de que la gente reciba salvación. Sin embargo, ése no es el mensaje que los ángeles estaban cantando. Eso no es lo que Jesucristo mismo dijo que había venido a hacer aquí.

Jesucristo Puso Fin A La Guerra

¿Qué estaban proclamando estos ángeles?

¡Gloria a Dios en las alturas, y en la tierra paz, buena voluntad para con los hombres!

Lucas 2:14

Estaban anunciando, "¡Paz. Buena voluntad hacia los hombres de parte de Dios!"

Antes del advenimiento del Señor Jesucristo, Dios estaba en guerra en contra de los pecados del hombre. Su ira vino sobre la gente por el pecado en sus vidas. Muchos Cristianos no han diferenciado esto y no lo han observado. Simplemente mezclan todo en la Biblia. Sin embargo, un estudio más detallado de La Palabra de Dios revela que había ira y un juicio de parte de Dios en contra de la gente del Antiguo Testamento, pero que hoy en día son totalmente injustificados y erróneos en el Nuevo

Testamento. ¿Por qué? Jesucristo terminó con la guerra entre Dios y el hombre. ¡Él hizo la diferencia!

Sin embargo la mayoría de la gente mezcla todo esto. Todavía piensan que Dios está enojado por nuestros pecados. Equivocadamente creen que todavía hay una guerra desarrollándose entre Dios y el hombre, y que cada vez que pecan de una forma u otra es una nueva ofensa en contra de Él. Escucharás a la gente decir, "¡Dios está molesto!" y citar versículos del Antiguo Testamento sobre la ira de Dios que está cayendo sobre la gente. "Dios está enojado hoy. Tiene nuestro país suspendido de un delgado hilo ardiendo y lo está haciendo oscilar sobre el infierno, y casi está listo para entregarnos al diablo". La gente está proclamando que Dios es el que mandó los huracanes y los tsunamis, y que también va a causar otros desastres. Algunos reconocidos líderes religiosos tomaron la palabra y declararon que era Dios quien mandó los ataques terroristas a los Estados Unidos, y que éste es el principio de Su juicio sobre América. Todavía están proclamando que hay ira de parte de Dios hacia la humanidad.

Las Buenas Nuevas

Sin embargo éste no es el mensaje del Nuevo Testamento. Estos ángeles que anunciaron el nacimiento de Jesucristo entendieron el Evangelio. Entendieron que Él vino a pagar el precio para redimirnos, y para detener la ira de Dios sobre nuestro pecado. La iglesia del Nuevo Testamento debería estar diciéndole a la gente que sus pecados han sido pagados. Deberíamos estar diciéndole a la gente el Evangelio.

El Evangelio son las buenas nuevas. De hecho, esta palabra Griega traducida como *Evangelio* en realidad significa "noticias-que-casi-son-demasiado-buenas-para-ser-verdaderas". El Evangelio son las noticias que casi son demasiado buenas para ser verdaderas de que Dios no está enojado contigo, que Te ama y que quiere ofrecerte todas sus bendiciones.

En general la iglesia no está predicando esto. Todavía le estamos diciendo a la gente que Dios está enojado con ellos, y después nos preguntamos por qué no están derribando las puertas para entrar a la iglesia. Es la benignidad de Dios la que guía a la gente al arrepentimiento (Ro.2:4).

Dios es justo, y Jesucristo pagó el precio. Él cambió totalmente la forma como Dios trata con la humanidad. Eso era el contenido de los cantos de estos ángeles.

Dios No Está Enojado

Al resumir el ministerio de Jesucristo, Pablo estableció el mismo tema en 2 de Corintios.

> *De modo que si alguno está en Cristo, nueva criatura es; las cosas viejas pasaron; he aquí todas son hechas nuevas. Y todo esto proviene de Dios, quien nos reconcilió consigo mismo por Cristo.*
>
> 2 Corintios 5:17-18

Esta palabra *reconciliar* simplemente significa "hacer amistoso" o "restaurar a un estado de armonía" ¡Dios no está enojado contigo!

Algunas de las cosas que voy a compartir son tan contrarias a nuestra cultura Cristiana que puedes sentirte tentado a rechazarlas y dejar este libro de lado. Sin embargo voy a actuar en fe y hacer algunas afirmaciones radicales confiando que el Espíritu Santo te lo confirmará. Yo oro porque leas el resto del libro y me des una oportunidad de explicarlo. Ésta podría ser la victoria en tu relación con Dios que has estado esperando.

Dios no está enojado. De hecho, no sólo no está enojado contigo como Cristiano— muchos creyentes verdaderamente batallan con eso—sino que tampoco está enojado con los no creyentes. Dios no está a punto de abrirle juicio a las naciones.

La Ira Aplacada

Yo tenía la costumbre de predicar que si Dios no juzgaba a los Estados Unidos de América, se tendría que disculpar con Sodoma y Gomorra. Los Estados Unidos de América son tan corruptos—o casi tan corruptos—como lo eran Sodoma y Gomorra. Era mi costumbre declararlo hasta que mi mente se renovó a La Palabra de Dios. Ahora sé que si Dios tuviera que juzgar a los Estados Unidos de América, tendría que disculparse con Jesucristo.

Jesucristo significó una diferencia en la manera en que Dios se relaciona con la humanidad. Por esto los ángeles lo estaban alabando. "Gloria a Dios en las alturas. ¡La guerra ya terminó!" La cólera y la ira de Dios han sido expiadas y apaciguadas. La ira de Dios fue puesta sobre Su Hijo, y Él ya no está enojado con nosotros.

> *Y todo esto proviene de Dios, quien nos reconcilió consigo mismo por Cristo, y nos dio el ministerio de la reconciliación.*
>
> 2 Corintios 5:18

El Señor nos hizo amistosos. Nos regresó—no sólo a los creyentes, sino a toda la humanidad—a un estado de armonía con Dios. La deuda ha sido pagada. Ahora debemos recibirlo. Debemos poner nuestra fe en el Señor, antes de que lo que Él nos ha proporcionado tenga su efecto completo en nuestras vidas. Pero la ira de Dios ha sido apaciguada. A lo mejor el hombre no está reconciliado con Dios, pero Dios se ha reconciliado con el hombre. Su ira ha cesado—y ¡nos ha dado el ministerio de la reconciliación!

La razón por la cual el Cristianismo no está causando un mayor impacto del que está teniendo hoy en día en nuestro mundo, es porque no estamos predicando este mensaje.

El Poder de Dios

Porque no me avergüenzo del Evangelio, porque es poder de Dios para salvación a todo aquel que cree; al judío primeramente, y también al griego.

Romanos 1:16

El significado de la palabra Griega traducida aquí como "*salvación*" no se limita solamente al perdón de los pecados. También se refiere a la sanidad, la prosperidad y la liberación—todo lo que Jesucristo vino a hacer. Por lo tanto el poder de Dios para que tú y yo recibamos la salvación—el perdón de los pecados, la sanidad, la prosperidad, y la liberación—se suelta a través del Evangelio—las noticias que casi son demasiado buenas para ser verdaderas—de Jesucristo.

En general la iglesia no está predicando esto. Le estamos diciendo a la gente, "¡Te vas a ir al infierno. Eres un pecador, y Dios está enojado!" Es verdad que antes de que fuéramos vueltos a nacer éramos—por naturaleza—pecadores. Nuestro pecado nos separó de Dios. Aunque esto es verdad, no son "las buenas nuevas". No es el Evangelio.

El Evangelio habla de cómo Dios puso todo el castigo por nuestros pecados sobre Jesucristo. A pesar de nuestros pecados, nuestro relativo desmerecimiento, y necesidad, Cristo pagó el precio por nosotros. La justicia exigía nuestro castigo, pero

Jesucristo lo tomó por nosotros. Ahora la ira de Dios ha sido satisfecha por siempre. Él no está enojado con la gente. Jesucristo pagó el precio, y todo lo que debemos hacer es recibir ese pago. Ésas son las buenas nuevas. ¡Éste es el Evangelio!

La iglesia está principalmente predicando: "Pecaste, Dios está enojado. ¡Arrepiéntete o ya verás! ¡Torna o truena!" Puesto que no estamos predicando el Evangelio—las noticias de Jesucristo que casi son demasiado buenas para ser verdaderas—la gente no está viniendo al Señor. El poder del Evangelio no se está manifestando mucho hoy en día, y por eso la gente se está alejando de él.

Sin Hacerte Responsable

Ahora bien, no estoy en contra de la iglesia. Amo a la gente de Dios en todas partes. Sin embargo, muy pocos de ellos reconocen el Evangelio—como está registrado y expresado en La Palabra—cuando lo escuchan. Por esto generalmente prefiero tener mis reuniones para abarcar una ciudad en un hotel o centro de convenciones, en vez de un edificio que se llame "iglesia". Me han corrido de ciudades, expulsado de radiodifusoras y de estaciones de televisión por predicar que Dios ya no está enojado. Sin embargo éste es el mismo mensaje que los ángeles proclamaron en el nacimiento de Jesucristo.

> *¡Gloria a Dios en las alturas, Y en la tierra paz, buena voluntad para con los hombres!*
>
> Lucas 2:14

"¡Dios ya no está enojado! ¡Hay paz! ¡No está molesto contigo!" Sin embargo de una forma o de otra, a la gente le encanta hoy en día decirles a otros lo "enojado" que Dios está, pensando que esto los va a alejar del infierno. ¡Simplemente, así no funciona!

El Señor nos ha dado el ministerio de la reconciliación.

> *Dios estaba en Cristo reconciliando consigo al mundo, no tomándoles en cuenta a los hombres sus pecados, y nos encargó a nosotros la palabra de la reconciliación.*
>
> 2 Corintios 5:19

¡Dios estaba en Cristo sin hacer acusaciones! la palabra *imputar* significa "Atribuir a alguien cierta falta o delito". En realidad es un término de contabilidad. Si tú compras algo y dices: "Ponlo en mi cuenta", se te hace un cargo. Entonces al fin del mes tendrás que pagar. "Sin imputar" sería como usar una tarjeta de crédito para comprar algo, pero que nunca lo cargarán a tu cuenta; esa cantidad no te la van a cobrar. Este versículo dice que Dios no les estaba tomando en cuenta a los hombres sus pecados.

"El Soborno"

Ésta era la razón por la que Jesucristo era tan radical. Es por esto que los líderes religiosos de su época se fueron en su contra. Ellos permanecieron en el poder y mantuvieron a la gente bajo su control esgrimiendo la ira de Dios sobre sus cabezas. Decían: "Somos los que tienen la verdad. Si no vienes a nuestra iglesia, nos das tu diezmo, y todas estas otras cosas, entonces ¡Dios te atrapará!"

Es como la mafia. El mafioso Guido viene y toca a tu puerta; dice: "Ha habido muchos incendios provocados en esta área, y muchas tiendas han sido asaltadas. Tu negocio corre un gran riesgo de ser asaltado o quemado hasta los cimientos. Pero si tú me pagas, mis muchachos y yo evitaremos que eso suceda". Por supuesto que el mafioso y sus muchachos son los que están haciendo todo esto, pero él quiere que tú le pagues el soborno.

En cierto sentido, esto es lo que muchas iglesias están predicando. "Dios está enojado contigo, y te va a agarrar. Pero si tú vienes a nuestra iglesia, pagas tu diezmo, lees la Biblia una hora al día y haces esto y aquello, entonces puedes apaciguar la ira de Dios. Entonces Él no va a mandar a tus niños al hospital, o arruinar tu matrimonio, o destruir tu vida de alguna otra forma". En gran medida, la iglesia es como la mafia porque dice: "Si pagas, si mantienes nuestra lista de cosas por hacer, entonces Dios te va a dejar en paz por una semana más". Así es como tratan de motivar a la gente para servir a Dios.

Pero La Palabra revela que Dios estaba en Cristo no tomándoles en cuenta a los hombres sus pecados. Jesucristo—tanto por su vida como por su mensaje—declaró: "¡Dios ya no está enojado contigo. Tus pecados no son un problema!"

La mayoría de la gente te apedreará por tomar la palabra y decir: "Tu pecado no es un problema con Dios". Preguntarían: "¿Cómo puedes decir algo así? Estás restándole importancia al pecado. Estás actuando como si no hubiera nada malo con el pecado". No, eso no es lo que estoy diciendo. No estoy motivando a nadie a pecar. Si continúas conmigo, pondré todo esto en perspectiva.

El Pecado No Es El Problema

Cualquiera que se base en lo que estoy diciendo para decir: "¡Esto es fantástico. Me encanta! Ahora puedo vivir en pecado"—necesita volver a nacer. La Palabra declara que…

> *Todo aquel que tiene esta esperanza en él, se purifica a sí mismo, así como él es puro.*
>
> 1 Juan 3:3

Si verdaderamente eres vuelto a nacer y tienes la esperanza de ser como Jesucristo, entonces estás buscando una manera de vencer al pecado—¡no de satisfacerlo! Si tomas lo que estoy diciendo y le dices a la gente: "Andrew está motivando a la gente a pecar", o estás mintiendo o has malinterpretado lo que estoy comunicando.

Cuando la gente me acusa de restarle importancia al pecado, respondo: "Tú estás restándole importancia a Jesucristo". No estoy diciendo que el pecado no es malo y que simplemente puedes ir a vivir en él.

El pecado es terrible. Pero no es tan grande como Jesucristo. El Señor pagó por nuestros pecados. El pago que Él hizo es infinitamente mayor que los pecados del mundo entero. Una gota de la sangre de Jesucristo era más santa, más justa, más pura que toda la impureza y la impiedad del mundo entero. Cuando El Señor Jesucristo murió por nuestros pecados, Su sacrificio satisfizo para siempre la ira de Dios. ¡El pecado no es el problema!

CAPÍTULO 2

Reconcíliate Con Dios

Contrariamente a la opinión popular la gente no se va al infierno por sus pecados. Se van al infierno porque han rechazado el pago por sus pecados. ¡Se van al infierno porque han rechazado recibir al Salvador! Cuando los Cristianos proclaman: "Si no dejas de fumar, de maldecir, y de hacer esto o aquello, Dios no te aceptará"—le están imputando a la gente sus pecados. También están devaluando y disminuyendo el valor del sacrificio de Jesucristo. Satanás realmente usa esto para oprimir a la gente y desanimarla. En realidad están diciendo: "Tu pecado es más grande y más importante que lo que Jesucristo hizo en la cruz".

Pero Dios estaba en Jesucristo sin tomarles en cuenta a los hombres sus pecados. El pecado no es el problema. El meollo del asunto es lo que la gente está haciendo con Jesucristo. ¿Le han entregado su vida, o lo están rechazando? Si alguien no recibe a Jesucristo, está rechazando el único pago disponible por sus pecados. No hay camino al Padre excepto a través de Su Hijo.

> *Jesús le dijo: Yo soy el camino, y la verdad, y la vida, nadie viene al Padre, sino por mí.*
>
> Juan 14:6

Pero si no aceptan el pago por sus pecados—El Señor Jesucristo—serán rechazados y arrojados al infierno, no por sus pecados, sino por rechazar a Jesucristo. En el infierno, serán hechos responsables y tendrán que pagar por esos pecados. Pero la verdad es que todos esos pecados ya han sido pagados por Jesucristo. Por lo tanto, el pecado realmente no es el problema. El asunto es, ¿qué vas a hacer con El Señor?

Recibe El Amor De Dios

Si ya has recibido al Señor Jesucristo, entonces has sido vuelto a nacer. El pecado no es un problema. El Señor no está enojado contigo por tu pecado. El Señor quiere que dejes de enfocarte en el pecado y que empieces a recibir Su amor. Dios te ama aunque no lo merezcas. Él está complacido contigo aun cuando tú no estés complacido contigo mismo. Si pudieras darte una idea del precio que Jesucristo pagó por tus pecados, te enamorarías perdidamente de Él. Y ya que la fe obra por el amor (Gá.5:6), tu fe se dispararía hasta las nubes.

Cuando lees La Palabra con la mentalidad adecuada, la 1 de Juan tiene mucho más sentido. No dice: "Guarda los mandamientos para que Dios te ame". Dice: "Si tú entendieras el amor de Dios, guardarías Sus mandamientos. Si verdaderamente comprendieras cuánto te ama Jesucristo y el precio que pagó para reconciliarte con Dios el Padre, lo servirías más sin proponértelo de lo que lo has hecho a propósito. Vivirías en mayor santidad sin proponértelo motivado por el amor, de lo que lo has hecho a propósito motivado por el temor y el miedo. Experimentarías un nuevo gozo y paz en tu relación con Dios como nunca antes lo has hecho".

> *Dios estaba en Cristo reconciliando consigo al mundo, no tomándoles en cuenta a los hombres sus*

pecados, y nos encargó a nosotros la palabra de la reconciliación.

2 Corintios 5:19

Éste es el mensaje que la iglesia debería estar predicando. Dios no está enojado. Ni siquiera está de mal humor. Él te ama, y ha pagado el precio por ti. Recíbelo. ¡Recibe Su amor! No deberíamos proclamar: "Si nuestro país no se arrepiente, Dios nos va a juzgar. ¡La ira de Dios ya viene!" Simplemente no es verdad. Dios no envió a los terroristas para que mataran a toda esa gente. Él no mandó esos huracanes y tsunamis para que destruyeran esas ciudades y arrastraran a toda esa gente. Ése no era Dios.

Sin embargo, viene un tiempo cuando esta era de gracia actual—la era de la iglesia—llegará a su fin. El libro de Apocalipsis deja muy claro que vendrá un tiempo cuando el Señor diga: "Muy bien, se acabó". En ese tiempo, los que lo han recibido serán recibidos en el gozo y la paz, pero los que lo han rechazado sufrirán la ira de Dios. Y cuando el juicio de Dios se derrame como se revela en Apocalipsis, nadie se preguntará: "¿Es ésta la ira de Dios?" Todos sabrán sin lugar a dudas exactamente qué es lo que está pasando, Su juicio hará que los recientes huracanes parezcan insignificantes en comparación. Nadie estará discutiendo o preguntándose: "¿Fue ésta la ira de Dios?" Lo sabrán.

Pero ahora mismo, la gracia de Dios está disponible para toda la gente. Deberíamos decirles: "¡Dios te ama!" Deberíamos decir lo mismo que los ángeles cantaron en el anuncio de la llegada de Cristo a la tierra: ¡Gloria a Dios en las alturas! Paz en la tierra de parte de Dios hacia los hombres. ¡Dios no está enojado contigo!

¿No son éstas buenas nuevas?

Una Representación Fiel

Así que somos embajadores, en nombre de Cristo.

2 Corintios 5:20

Un embajador no va simplemente y proclama lo que quiera. Un embajador debe estar en contacto con su país de origen para que pueda representarlo fielmente. Por ejemplo, el embajador de los Estados Unidos representa al Presidente y a la gente de los Estados Unidos de América. No es libre de crear su propio mensaje. Su trabajo es representar fielmente a los que lo han enviado. Como creyentes, se supone que debemos estar haciendo lo mismo. Se supone que debemos estar representando a Dios.

Se supone que deberíamos tener el mismo ministerio que Jesucristo tuvo—y Dios en Cristo, no estaba tomándoles en cuenta a los hombres sus pecados. Él iba y comía con publicanos, prostitutas, y otros pecadores que el sistema religioso había condenado tanto que no tendrían nada que ver con Dios. Éstas son las personas con quienes Jesucristo se relacionaba y a quienes les extendía Su amor. Somos sus embajadores. Se supone que debemos estar ministrando Su mensaje—diciendo lo que nos dijo que dijéramos.

La mayoría de los Cristianos hoy en día no están proclamando ese mensaje. Han adaptado un sistema religioso que ha estado muy arraigado por cientos de años. Dicen: "Dios está enojado. Si no haces esto o aquello, va a derramar Su ira sobre ti. Si no haces esto o aquello, Dios no va a contestar tu oración. Si no eres santo, ¡Dios no va a actuar!" Y le están imputando su pecado a los hombres. Satanás realmente usa eso para mantener a la gente oprimida y desanimada.

La Fe Obra Por El Amor

Supongamos que estuvieras asistiendo a una de mis reuniones donde alguien que pasó al frente se cayó muerto. Si yo dijera: "Vamos a orar por esta persona y creo que Dios la va a resucitar". Probablemente dirías: "¡hazlo hermano!". De hecho, probablemente pasarías hasta adelante para poder ver la manifestación de este milagro. Estarías entusiasmado hasta que yo dijera: "Está bien, si tú crees esto, ora por él". De repente, tu anticipación se volvería miedo. ¿Sabes por qué? No porque dudes de la capacidad de Dios, sino porque dudas de Su disponibilidad para usar Su capacidad a través de ti porque sabes que no te lo mereces.

La mayoría de nosotros cree que Dios actúa en nuestra vida cuando somos buenos. Hemos atado Su capacidad a nuestra bondad. Cuando haces eso, Satanás te derrotará porque tu propio corazón te condenará y te dirá que no mereces nada. Pero ése no es el mensaje que Jesucristo trajo. Él no estaba tomándoles en cuenta a los hombres sus pecados. Él nos dijo que prediquemos un mensaje que le diga a la gente: "La guerra ya terminó. ¡Dios ya no está enojado!"

Ahora bien, esto no significa que todo es responsabilidad de Dios. Si así fuera entonces tú recibirías porque Dios es un Dios bueno. Él sólo tiene buenas cosas guardadas para ti. Sin embargo tú debes creer para recibir. No tienes que ser santo y hacer todo bien, pero sí tienes que creer. Si te sientes tan devaluado y que has cometido errores tan grandes que Dios ya no te ama—eso es incredulidad. Ése no es el mensaje del Evangelio, y es precisamente lo que impide que tu fe funcione.

Una vez más, la fe obra por el amor (Gá.5:6). Si entendieras lo mucho que Dios te ama, que Él lleva tu foto por todos lados en Su cartera, que Él no está enojado, decepcionado, o avergonzado de ti, y que está orgulloso de ti, tu fe se dispararía hasta las nubes.

Dirías: "Cualquier Dios que pueda amarme y que pase por alto todas las cosas tontas que he hecho, es un Dios maravilloso". Si Él hace eso, ¡Hará cualquier cosa!

Recientemente recibí un correo electrónico de agradecimiento de unos de nuestros socios. Esta pareja me ha estado escuchando por cuatro o cinco años. Hace unos días, el esposo murió a media noche por un coágulo de sangre. La esposa escribió y dijo: "Porque lo he estado escuchando, supe qué hacer". Lo resucitó de la muerte. Entonces él se levantó, fue al baño y regresó a su cama. Todo estaba bien, y ella estaba alabando a Dios porque supo qué hacer.

En El Mar Del Olvido

> *Así que, somos embajadores en nombre de Cristo, como si Dios rogase por medio de nosotros; os rogamos en nombre de Cristo: Reconciliaos con Dios.*
>
> 2 Corintios 5:20

Éste es mi propósito al escribir este libro. Quiero ayudarte a que te reconcilies con Dios. Dios se ha reconciliado contigo. Él ha perdonado tus pecados y los ha quitado de tu vida. Él no está enojado contigo. Dios ahora está amistoso y armonizado contigo. ¿Te reconciliarás con Él? ¿Aceptarás ahora lo que Él ha dicho? Éste es el mensaje que debemos estar compartiendo.

> *Os rogamos en nombre de Cristo: Reconciliaos con Dios. Al que no conoció pecado* [Jesús], *por nosotros lo hizo* [Dios el Padre] *pecado, para que nosotros fuésemos hechos justicia de Dios en él.*
>
> 2 Corintios 5:20-21

El Señor no solamente ignoró tus pecados. Él no solamente dijo de una forma u otra: "Muy bien, no les voy a tomar sus pecados en cuenta". Él pagó por tus pecados. Tus pecados han sido pagados a través del Señor Jesús. No solamente eliminó tus pecados, sino que te convirtió en la justicia de Dios. Jesucristo llevó tu pecado en Sí mismo y sufrió por tus pecados en el madero. Él pagó la multa por tus pecados, y después te dio Su justicia. No has sido simplemente perdonado. No eres simplemente un "viejo pecador" que ha sido salvo por la gracia. Eras un "viejo pecador", pero fuiste salvo por la gracia y ahora eres la justicia de Dios en Cristo Jesús. Dios te ve justo, santo y puro. Él no está enojado contigo. No se trata de que Él simplemente se haga el disimulado y de alguna forma "pase por alto" tus pecados. ¡Ya han sido pagados! ¡Se han ido! Tus pecados han sido borrados.

Tus pecados han sido arrojados en el mar del olvido. Él los ha olvidado.

> *Cuanto está lejos el oriente del occidente, Hizo alejar de nosotros nuestras rebeliones.*
>
> Salmo 103:12

Dios no está poniendo atención a tus pecados. Él no está tratando contigo basado en cómo te tratas a ti mismo.

CAPÍTULO 3

Jesucristo Lo Llevó Todo

Consolaos, consolaos, pueblo mío, dice vuestro Dios.

Isaías 40:1

Éste es Dios hablándole a Juan el Bautista. Se supone que éste era su mensaje que estaba proclamando. Aquí está lo que se suponía que él debía decir:

> *Hablad al corazón de Jerusalén; decidle a voces que su tiempo es ya cumplido, que su pecado es perdonado; que doble ha recibido de la mano de Jehová por todos sus pecados.*
>
> Isaías 40:2

Aunque la nación de Israel sufrió y fue llevada al cautiverio, ninguna cantidad de sufrimiento físico—perder su nación, ir al cautiverio, y todas las cosas terribles que sucedieron—puede pagar por todos sus pecados. No puedes pagar por transgresiones y pecados espirituales en el ámbito natural.

La gente que se pregunta: ¿Cómo puede un Dios amoroso mandar a alguien al infierno?—no tiene una revelación de lo que el pecado es en realidad. El pecado es una transgresión tan terrible en contra de Dios, que pasar toda la eternidad en un lugar de tormento nunca pagará totalmente por los pecados que la gente ha cometido. ¡El pecado es una cosa terrible!

¡"Ay De Mí"!

Fui vuelto a nacer a la edad de 8 años, pero El señor se me reveló en una forma muy poderosa a la edad de 18. Ésta fue la primera vez que en realidad lo vi, e instantáneamente tuve una revelación de Su santidad. Aunque yo era una buena persona de acuerdo a los estándares religiosos y morales, inmediatamente reconocí mi relativa impiedad y desmerecimiento. Nunca he tomado un trago de licor o fumado un cigarro en toda mi vida. Nunca he dicho maldiciones, y ni siquiera he probado el café en toda mi vida. Ahora bien no estoy diciendo que el café y el alcohol son lo mismo. Hay un verso bíblico en el que te puedes apoyar para beber café:

> *Si bebieren cosa mortífera no les hará daño.*
>
> Marcos 16:18

Pero dejemos la broma. Simplemente estoy diciendo que he vivido una vida súper santa. Sin embargo, aunque era más santo que la mayoría de la gente (de acuerdo a sus estándares), cuando vi la gloria de Dios, me di cuenta de mi relativo desmerecimiento e instantáneamente supe en mi corazón que merecía ser destruido.

Cuando Isaías vio al Señor en todo Su esplendor y gloria, él también se cayó de bruces, y gritó:

> *¡Ay de mí! que soy muerto; porque siendo hombre inmundo de labios, y habitando en medio de pueblo que tiene labios inmundos...*
>
> Isaías 6: 5

Cualquier persona que alguna vez ha visto la gloria de Dios ha esperado ser destruida. Ésa es Su justicia. Es lo que merecemos. Cualquiera que dice: "No puedo creer que un Dios amoroso mandara a alguien al infierno", nunca ha visto la imperfección del hombre a la luz de la perfección de Dios. Nunca ha visto las transgresiones y el desorden total que el hombre ha hecho. Incluso los que se llaman "buenas personas" han cometido serias transgresiones en contra del Señor. No hay forma de pagar por la transgresión que tus pecados han hecho simplemente en esta vida física.

Su Aflicción Está Perdonada

Hablad al corazón de Jerusalén; decidle a voces que su tiempo es ya cumplido, que su pecado es perdonado; que doble ha recibido de la mano de Jehová por todos sus pecados.

Isaías 40:2

Ésta es una cita bíblica profética que habla del Señor Jesucristo. No está hablando de cómo en el ámbito natural, Jerusalén había sufrido lo suficiente y ahora Dios dice: "La guerra ha terminado". Este versículo se refiere a la guerra que Dios sostenía en contra de la humanidad por sus pecados; está diciendo: "Cuando el Mesías venga, Él va a llevar tus pecados. La guerra terminará porque tus pecados habrán sido pagados. La cantidad de ira que Dios Padre puso sobre Su hijo—El Señor Jesucristo—fue el doble de la que toda la raza humana merecía recibir". Jesucristo llevó nuestros pecados y ahora la guerra ha terminado.

Si continuaras leyendo el resto de Isaías 40, verías que todo el capítulo habla proféticamente sobre Jesucristo y lo que Él lograría cuando viniera. Dice que Juan el Bautista le iba a proclamar a la gente que la ira de Dios ya había sido satisfecha.

La guerra ya terminó. Dios ya no está enojado contigo. El pecado no es un problema. ¡Jesucristo ha pagado por tus pecados!

Empezando con el capítulo 40 y continuando con el resto del libro de Isaías, éstas son citas bíblicas proféticas sobre El Señor Jesús. Son versículos y pasajes que Juan el Bautista citaba y dejaban en claro que él entendía que éstas eran las instrucciones de Dios para él.

"Más Desfigurado Que Cualquier Hombre"

> *He aquí que mi siervo será prosperado, será engrandecido y exaltado, y será puesto muy en alto. Como se asombraron de ti muchos, de tal manera fue desfigurado de los hombres su parecer* [cara], *y su hermosura más que la de los hijos de los hombres.*
>
> Isaías 52:13-14

La cara de Jesucristo se desfiguró más que la de cualquier otra persona que alguna vez ha vivido. Un hombre que tenía cáncer en toda su cara vino a una de mis reuniones en la Ciudad de Kansas. ¡Toda su cara era un cáncer! Vino otra persona que había perdido su nariz. El cáncer se la había carcomido. Pasó al frente para recibir oración, con una toalla grande que le cubría la cara. Sin conocer la situación, le pregunté: "Bueno, ¿por qué voy a orar?" Se quitó la toalla y pude ver el lugar donde había estado su nariz. Sin embargo, esta cita bíblica dice que Jesucristo se desfiguró más que eso.

> *De tal manera fue desfigurado de los hombres su parecer* [su cara], *y su hermosura más que la de los hijos de los hombres.*
>
> Isaías 52:14

Si estudias esto en Hebreo, significa que Jesucristo ¡ni siquiera parecía humano! ¿Cómo sucedió esto?

La gente decía que la representación de la tortura y crucifixión de Jesucristo en la película *La Pasión de Cristo* de Mel Gibson fue demasiado gráfica. Sin embargo, el mismo Mel reconoce abiertamente que tuvo que suavizar considerablemente esas escenas con respecto a lo que la Biblia describe porque si no nadie las hubiera visto.

De acuerdo a estas citas bíblicas, la cara de Jesucristo se veía peor que la de cualquier otra persona que alguna vez ha vivido. Su cuerpo se desfiguró tanto que ni siquiera parecía el de un ser humano. No era reconocible como un ser humano. No importa qué tan violento sea el castigo que una persona sufra, un látigo de los llamados gato de nueve colas no puede producir eso.

Él Se Convirtió En Pecado

Jesucristo llevó nuestros pecados en Su propio cuerpo en la cruz.

> *Quien llevó él mismo nuestros pecados en su cuerpo sobre el madero.*
>
> 1 Pedro 2:24

Todo pecado, enfermedad y dolencia de la raza humana—toda deformidad, tumor y perversión—entraron en el cuerpo físico del Señor Jesucristo. Por eso Su cara se veía peor que la de cualquier otra persona que alguna vez ha vivido, y su figura se deformó tanto que ni siquiera parecía humano. Dios le hizo esto a Su Hijo.

La Pasión de Cristo sólo mostró el castigo físico. No hubiera sido posible también representar el sufrimiento emocional y espiritual de nuestro Señor. ¿Quién puede imaginarse la agonía que sobrevino a Jesús en el jardín de Getsemaní mientras contemplaba convertirse en pecado—aquello que Él odiaba y de lo que nos vino a liberar? Él se tuvo que convertir en pecado para que pudiéramos convertirnos en la justicia de Dios.

En cierto sentido, nuestro sistema religioso hoy en día le resta importancia a la expiación del Señor Jesucristo. Dice: "Aunque seas vuelto a nacer y hayas recibido a Jesucristo como tu Señor, Dios todavía se enoja contigo cada vez que pecas. Él no va a contestar tu oración si tienes pecados que no has confesado (por lo tanto no perdonados) en tu vida". Fundamentalmente, hemos hecho a Jesucristo parte de la solución, pero no la solución completa. Hemos dicho: "Sí, tienes que tener la expiación de Cristo, pero también tienes que arrepentirte, sentirte terrible por tu pecado, postrarte, y hacer todas estas cosas". La gente que dice cosas como éstas no entiende la totalidad del precio que Jesucristo pagó por nosotros.

Desamparado Por Su Padre

Cuando estaba colgando en la cruz, Jesucristo dijo:

Dios mío, Dios mío, ¿por qué me has desamparado?

Salmo 22:1; Marcos 15:34

Después de que puso todo el pecado, la enfermedad, las dolencias, y el sufrimiento del mundo entero sobre Su Hijo, Dios Padre le dio la espalda. Dios abandonó a su único Hijo porque eso era el precio que tú y yo merecíamos.

A través del Espíritu de Dios, yo he tenido un pequeño vistazo de lo que es ser desamparado por Dios. Quiero decirte, ¡eso será el infierno! La Biblia revela que el infierno va a incluir cosas físicas como sufrir en las llamas (Lc.16:24). También habrá tormento emocional. Pero lo peor del infierno será la ausencia de lo bueno. Todo lo bueno—todo lo que es de Dios—se fue. Nada excepto la obscuridad, el odio, y los pleitos permanecerán. ¡Nada bueno!

Algunos de nosotros pensamos que vivimos en un mundo de maldad. Sí, hay mucha corrupción en este mundo, pero no tenemos ni siquiera una idea aproximada de lo que realmente es el infierno. Todavía hay mucho bien por ahí. Todavía hay muchas gentes que se están esforzando para hacer de este mundo un mejor lugar para vivir. A pesar de lo mal que están las cosas, no se puede comparar con el infierno. Ya sea que haya sufrimiento físico o no, la separación total de Dios es el infierno mismo. No hay esperanza. ¡Nada bueno!

Jesucristo llevó todo eso. Él fue desamparado por Su Padre. El Padre desamparó a Su propio Hijo para que tú y yo no fuéramos desamparados. A pesar de todo esto la gente dice que Jesucristo sólo pagó por el pecado hasta cierto punto. "Cuando pecas, Dios todavía se enoja contigo. Él se aleja de ti y no quiere contestar tus oraciones por el pecado que hay en tu vida". ¡Falso!

La gente piensa que estoy restándole importancia al pecado. La verdad es que ellos están restándole importancia al sacrificio de Cristo. Jesucristo pagó un precio tan grande por nosotros que satisfizo por siempre la ira de Dios. Él no está enojado contigo, sin importar lo que has hecho. Ahora bien, ¡ésa es una buena nueva!

Nada Especial

¿Quién ha creído a nuestro anuncio? ¿y sobre quién se ha manifestado el brazo de Jehová?

Isaías 53:1

En otras palabras, esto es casi demasiado bueno para ser cierto. ¿Quién creería esto? ¿Quién puede creer que Dios ya no está enojado contigo, y que nunca lo estará. Que todos tus pecados—pasados, presentes, e inclusive futuros—ya han sido pagados? No cualquiera cree este anuncio.

> *Subirá cual renuevo delante de él, y como raíz de tierra seca; no hay parecer en él, ni hermosura; le veremos, mas sin atractivo para que le deseemos.*
>
> Isaías 53:2

¿Sabías que Jesucristo no era una persona que podríamos considerar hermosa? En realidad esto no significa que era feo, pero definitivamente no era especial. No era una de esas personas de las que todo el mundo quiere estar cerca, ser visto con y recibir atención de ella. Él era una persona común y corriente. Si hubieras visto a Jesucristo cuando caminaba aquí en la tierra como hombre, no te habría impresionado. Simplemente su físico no tenía nada de especial.

Algunas veces la gente dice: "Me hubiera gustado ser uno de los doce discípulos que anduvieron con Jesucristo. ¿No habría sido maravilloso?". No, habría sido difícil—difícil creer que éste era Dios. Jesucristo caminaba cuarenta o cincuenta km por día en el caluroso clima de Judea. No había un *Holiday Inn* en el que pudiera hospedarse. No se bañaba cada noche antes de su mensaje. ¿Y sabes qué?, Jesús apestaba. Él se ensuciaba. Su cabello estaba apelmazado. El Señor no cargaba una maleta llena de ropa para cambiarse. Seguramente usaría las mismas ropas día tras día y probablemente semana tras semana puesto que era una persona normal de aquellos tiempos y lugares. Tenías que hacer caso omiso de todo eso. Jesús se hizo como nosotros somos.

Lo representamos caminando por ahí con un halo sobre Su cabeza, pero te garantizo que la gente no veía un halo sobre

Su cabeza. Él era tan común y corriente como cualquiera de nosotros. Jesucristo hizo eso para nosotros que no nos sentimos especiales. Sintió lo que tú sientes. Jesucristo fue despreciado. Cualquier cosa que hayas sufrido, Él sufrió esas cosas por ti.

Por Sus Llagas

> *Despreciado y desechado entre los hombres, varón de dolores, experimentado en quebranto; y como que escondimos de él el rostro, fue menospreciado, y no lo estimamos. Ciertamente llevó él nuestras enfermedades, y sufrió nuestros dolores.*
>
> Isaias 53:3-4

Jesucristo no tenía ninguna enfermedad propia que sufrir. Nunca había hecho nada que le causara desgracia. El Señor llevó todo nuestro dolor, enfermedad y desgracia sobre Sí mismo.

> *Y nosotros le tuvimos por azotado, por herido de Dios y abatido. Mas él herido fue por nuestras rebeliones, molido por nuestros pecados; el castigo de nuestra paz fue sobre él, y por su llaga fuimos nosotros curados.*
>
> Isaías 53:4-5

La gente trata de limitar la aplicación de este versículo sólo a cosas emocionales o espirituales. Pero este versículo fue citado en Mateo 8 después de que Jesucristo había sanado a la suegra de Pedro y a muchos otros (Mt. 8: 14-17). Este versículo dice que esto ya fue hecho:

> *Para que se cumpliese lo dicho por el profeta Isaías, cuando dijo: El mismo tomó nuestras enfermedades, y llevó nuestras dolencias.*
>
> Mateo 8:17

Por lo tanto, el Nuevo Testamento explica Isaías 53:5 mostrando que la sanidad no se limita solamente a cosas espirituales o emocionales. Jesucristo sufrió para que pudiéramos recibir sanidad—en el espíritu, alma y cuerpo—por Sus llagas.

> *Todos nosotros nos descarriamos como ovejas, cada cual se apartó por su camino; mas Jehová cargó en él el pecado de todos nosotros.*
>
> Isaías 53:6

En teoría Jesucristo no sufrió simplemente por el pecado. Dios no le dio simplemente una probadita—una muestra—del pecado de la humanidad. Jesucristo tomó toda tu iniquidad—y la iniquidad de todo el mundo—sobre Sí mismo. Él hizo que la corrupción de cada pecado que alguna vez se ha cometido en la faz de la tierra—el asesinato, la inmoralidad sexual, etc—entrara a Su carne física. Verdaderamente la iniquidad de todos nosotros fue impuesta sobre Él.

CAPÍTULO 4

Él Quiso Quebrantarlo

Angustiado él [Jesús], *y afligido, no abrió su boca; como cordero fue llevado al matadero; y como oveja delante de sus trasquiladores, enmudeció, y no abrió su boca. Por cárcel y por juicio fue quitado.*

Isaías 53:7-8

Esto significa que Jesucristo nunca tuvo ni siquiera la oportunidad de ir a la cárcel o de tener un juicio justo. Él careció de esas cosas.

Y su generación, ¿quién la contará?

Isaías 53:8

Jesucristo no tuvo descendientes carnales—¡A pesar de lo que "El Código Da Vinci" dice!

Porque fue cortado de la tierra de los vivientes, y por la rebelión de mi pueblo fue herido. Y se dispuso con los impíos su sepultura, mas con los ricos fue en su muerte; aunque nunca hizo maldad, ni hubo engaño en su boca. Con todo eso, Jehová quiso quebrantarlo, sujetándole a padecimiento. Verá el fruto de la aflicción de su alma, y quedará satisfecho.

Isaías 53:8-10

Dios quiso quebrantar, herir y desamparar a Su Hijo. Hizo que Su Hijo sufriera hasta que su cara se vio peor que la de cualquiera otra persona en toda la historia. Lo hizo sufrir tanto que Jesucristo ya ni parecía humano. Dios quiso hacer eso. No es porque Él sea un Dios masoquista, o vil. Es porque Él sabía que al poner el pecado de la raza humana sobre Su Hijo, rompería el dominio de Satanás y haría libre a toda la raza humana.

Somos Su Semilla

Dios quiso hacer esto porque sabía que resolvería el problema totalmente. Por el sufrimiento de Su Hijo, el problema del pecado quedaría resuelto por siempre y la guerra terminaría. La ira de Dios fue satisfecha totalmente por el sufrimiento de Su Hijo. Si piensas que Dios todavía está enojado contigo, que no va a contestar tus oraciones, o a actuar a tu favor porque tienes algún pecado en tu vida, entonces no tienes idea de lo que Dios le hizo a Su propio Hijo.

Si de una forma u otra yo pudiera transferir tu pecado a mi hijo y castigarlo para que yo no estuviera enojado contigo, no lo haría a menos de que fuera suficiente. No lo haría a menos que fuera más que suficiente. ¿Por qué razón haría sufrir a mi hijo si eso no iba a resolver el problema? Sin embargo, en general la iglesia ha estado diciendo: "¡Oh sí!, Jesucristo murió por nuestros pecados. Pero si tienes pecado sin confesar en tu vida, Él no va a contestar tu oración. ¡Dios no puede usar un recipiente sucio! Él no puede asociarse con alguien que tenga pecado en su vida". En realidad, han minimizado el sacrificio de Jesucristo.

Con todo eso, Jehová quiso quebrantarlo, sujetándole a padecimiento. Cuando haya puesto su vida en expiación por el pecado, verá linaje.

Isaías 53:10

Esto no sólo está hablando de los Judíos. Se refiere a toda persona que ponga su fe en el Señor Jesucristo.

Y si vosotros sois de Cristo, ciertamente linaje de Abraham sois, y herederos según la promesa.

Gálatas 3:29

¡Somos Su semilla!

Satisfecho

Verá linaje, vivirá por largos días, y la voluntad de Jehová será en su mano prosperada.

Isaías 53:10

Él hizo de Su alma una ofrenda por el pecado porque sabía que cuando viera a la gente que había liberado, eso lo complacería. El Señor hizo todo esto por el beneficio que tuvo para nosotros—el cuerpo de Cristo.

Verá el fruto de la aflicción de su alma, y quedará satisfecho.

Isaías 53:11

Esta cita bíblica dice que Dios Padre estaba satisfecho con lo que Jesucristo pagó por tus pecados. Ya no puedes satisfacerlo más. Tu arrepentimiento, frustración, sentirte sin valor, separado de Dios y todo lo demás no pueden añadirle nada a la forma como Dios Padre te ve. Él está satisfecho contigo a través de Jesucristo, no a través de tu gran bondad. Lo único que tenías para contribuir era tu pecado. El pecado te hizo reunir las condiciones necesarias. Entonces Dios pagó todo el precio. Lo único que puedes hacer es o creer y recibir o dudar y perdértelo. Si has recibido a Jesucristo como tu Salvador, Dios está satisfecho con tu pago—no porque te hayas arrepentido y hayas hecho todas estas cosas, sino porque Jesucristo ha llevado todo tu pecado. ¡Es maravilloso!

Como Si Yo Nunca Hubiera Pecado

> *Verá el fruto de la aflicción de su alma* [la de Jesucristo, no la tuya], *y quedará satisfecho; por su conocimiento justificará mi siervo justo a muchos.*
>
> Isaías 53:11

"Justificar" significa "como si nunca hubiera pecado". Estoy justificado, como si nunca hubiera pecado. Dios vio la aflicción de Jesucristo y me imputó esa justificación como si yo hubiera sufrido y pagado por mis propios pecados por toda la eternidad. ¡Él está satisfecho! El pecado ha sido pagado, y ahora estoy justificado a través de eso como si nunca hubiera pecado.

Dios no me ve como a un pecador. No soy "un viejo pecador salvado por la gracia". Ahora soy la justicia de Dios (2 Co. 5:21).

> *Justificará mi siervo justo a muchos, y llevará las iniquidades de ellos.*
>
> Isaías 53:11

Todo mi pecado fue puesto en Jesucristo y toda Su justicia me fue dada. Me hizo como si nunca hubiera pecado.

Fructífero

Por tanto, yo le daré parte con los grandes, y con los fuertes repartirá despojos; por cuanto derramó su vida hasta la muerte, y fue contado con los pecadores, habiendo él llevado el pecado de muchos, y orado por los transgresores.

Isaías 53:12

Aquí está el resultado de esto:

Regocíjate, oh estéril, la que no daba a luz.

Isaías 54:1

Esto no se está refiriendo sólo a ser incapaz físicamente de tener hijos. Esto se refiere a la posibilidad de esterilidad espiritual; cuando no puedes ver la manifestación de la victoria y la bendición de Dios, parece que no te estás desarrollando en las cosas de Dios. Por lo que Jesucristo hizo—como está escrito en los capítulos 52 y 53—puedes cantar porque ya no vas a ser estéril. Así que...

Levanta canción y da voces de júbilo, la que nunca estuvo de parto; porque más son los hijos de la desamparada que los de la casada, ha dicho Jehová.

Isaías 54:1

A través del Señor podemos prosperar más. Podemos tener más gozo, más victoria, más poder, y más éxito que si hubiéramos tenido todas estas cosas en lo natural. Nadie simplemente con su habilidad y talento natural, puede ni siquiera empezar a aproximarse a ser tan exitoso y productivo como una persona que lo hace poniendo su confianza en El Señor y lo que Él ha hecho por nosotros.

¡Somos Bendecidos!

Ensancha el sitio de tu tienda, y las cortinas de tus habitaciones sean extendidas; no seas escasa; alarga tus cuerdas, y refuerza tus estacas. Porque te extenderás a la mano derecha y a la mano izquierda; y tu descendencia heredará naciones, y habitará las ciudades asoladas.

Isaías 54:2-3

Esto está hablando de crecimiento, éxito, y prosperidad, no sólo física y materialmente, sino emocionalmente y también en todas las demás áreas. A través de Jesucristo, deberías estar esperando solamente bendiciones. Deberías estar diciendo, "¡Dios me ama! ¿Cómo puede alguien estar en mi contra?" En vez de decir: "Las cosas nunca funcionan para mí". Debería ser lo opuesto: "¡Estoy tan bendecido, que no puedo dejar de ganar!"

No estarías deprimido ni desanimado si entendieras lo mucho que Dios te ama y te ha perdonado. No importa si el doctor te ha dicho que vas a morir. Dios te ama y vas a vivir por siempre con Él. Has evadido el infierno. Si lo peor sucede y mueres, te vas directamente con El Señor. A veces cantamos: "Cuando todos lleguemos al cielo, ¡que día tan maravilloso será!" Entonces el doctor te dice que ya vas para allá, y empiezas a llorar y a desbaratarte como una maleta barata. Si simplemente comprendieras que estás perdonado, te darías cuenta que ¡tú ganas! Si tú pierdes, tú ganas. No puedes dejar de ganar. ¡Eres bendecido! Es imposible estar temeroso y deprimido al pensar en cosas como ésas.

Dios Está A Tu Favor

Es por esto que Pablo no tenía miedo. Él tenía esta revelación y sabía todas estas cosas. La gente le decía: "¡Deja de predicar el Evangelio o te vamos a matar!" Él los besaba y decía: "¡Esto es maravilloso!"

Porque para mí el vivir es Cristo, y el morir es ganancia.
Filipenses 1:21

"¡Muy bien, te vamos a meter a la cárcel!" Entonces lo ponían en el cepo en la parte más profunda y obscura de la celda o prisión, y él empezaba a adorar a Dios. Mientras lo escuchaba cantar, El Señor empezó a acompañar el canto con Su pie y provocó un terremoto. Todas las puertas de las celdas de la prisión se abrieron y las cadenas do todos incluyendo las de Pablo, se soltaron, pero él no se fue. No estaba adorando a Dios sólo para poder salirse del problema. ¡Él estaba alabando al Señor sinceramente! No le importaba que su espalda estaba herida y que estaba atrapado en el cepo. No le importaba porque sabía que Dios lo amaba y que había sido perdonado. Antes de eso, Pablo había estado persiguiendo a la iglesia y matando Cristianos, pero estaba tan agradecido de que Jesucristo lo había hecho justo, como si fuera una persona que nunca había pecado, que simplemente empezó a alabar. "¡Ahora no me tengo que preocupar por el tema de mi siguiente sermón, simplemente puedo alabar a Dios toda la noche!" ¡Hizo que el carcelero se salvara! La presencia de Dios era tan fuerte, que ninguno de los prisioneros escapó (Hch.16:16-40).

Si le hubieras dicho a Pablo que lo ibas a matar—¡le hubiera gustado la idea! Si lo persiguieras, lo pusieras en el cepo—¡se crecería ante las dificultades! La clase de Cristianismo que la mayoría de nosotros tenemos hoy en día palidece en comparación. Nos quejamos si no tenemos un carro nuevo. Muy pocos Cristianos han entendido lo que en realidad nos merecemos. Menos aun son los que han comprendido qué tan grande es el precio que Jesucristo pagó por nosotros. Si tú conoces estas cosas no tienes ninguna razón en absoluto para refunfuñar o quejarte de nada. Supón que tu esposo te dejó. Dios dijo que Él nunca te dejaría ni te abandonaría (He.13:5). ¡Deberías estar gozándote por eso! Si no hay nada más entonces di: "¡Padre, gracias porque en el cielo ni nos casamos ni somos dados en casamiento. Gracias Jesucristo!" (Mat.22 :30). La adversidad sólo es temporal.

No tienes derecho a estar refunfuñando ni a quejarte por nada. Dios Todopoderoso te ama. Él ha tomado tus pecados. La guerra ya terminó. ¡Gloria a Dios en las alturas! Paz en la tierra. Buena voluntad hacia los hombres. Deberías estar planeando extenderte a la derecha y a la izquierda porque vas a prosperar, prosperar, prosperar. Ensancha el sitio de tu tienda porque Dios está a tu favor.

CAPÍTULO 5

Cimentado En La Justicia

Pobrecita, fatigada con tempestad, sin consuelo; he aquí que yo cimentaré tus piedras sobre carbunclo, y sobre zafiros te fundaré. Tus ventanas pondré de piedras preciosas, tus puertas de piedras de carbunclo, y toda tu muralla de piedras preciosas. Y todos tus hijos serán enseñados por Jehová; y se multiplicará la paz de tus hijos. Con justicia serás adornada.

Isaías 54:11-14

¿Sabes que la mayoría de los Cristianos no están cimentados? No entienden que son justos. Piensan que son injustos. Puesto que no están escuchando el verdadero Evangelio, todavía están pensando que Dios les está imputando el pecado. Ésa es la razón por la que no están cimentados—fuertes, firmes y seguros.

Con justicia serás adornada; estarás lejos de opresión.

Isaías 54:14

Si estás oprimido, ¿sabes por qué? ¡No sabes que eres justo! No sabes que tus pecados han sido perdonados. A lo mejor usas esa terminología (y dices que eres justo), pero después dices:

"Dios no contestó mi oración porque tengo un pecado que no he podido vencer". Si entendieras lo que es la justicia, estarías lejos de la opresión.

Porque no temerás.

Isaías 54:14

No temerías si comprendieras la justicia. ¿A quién o a qué le puedes temer si Dios está de tu lado?

Y de temor porque no se acercará a ti.

Isaías 54:14

Un Pacto Incondicional

Regresemos al verso 9, que dice:

Porque esto me será como en los días de Noé, cuando juré que nunca más las aguas de Noé pasarían sobre la tierra; así he jurado que no me enojaré contra ti, ni te reñiré.

Isaías 54:9

Este pacto que Dios hizo con Noé no tenía condiciones.

Estableceré mi pacto con vosotros [Noé y sus hijos], *y no exterminaré ya más toda carne con aguas de diluvio, ni habrá más diluvio para destruir la tierra.*

Génesis 9:11

Dios no dijo: "Si tú haces esto, Yo haré aquello". Él no estipuló: "Si la gente no vuelve a provocarme, si nunca regresan al nivel de pecado en el que estaban antes del diluvio, entonces no destruiré la tierra con agua otra vez". No era un pacto de esa clase. El pacto con Noé era incondicional—sin salvedades.

Simplemente es una promesa de que no importa lo que el mundo haga, Dios no destruirá la tierra con un diluvio otra vez.

Tu Propia Conciencia

En Isaías 54, Dios dijo que este nuevo pacto que Jesucristo puso en vigor es como el pacto con Noé. Es incondicional, un pacto sin restricciones. De la misma forma que Él juró que nunca más destruirá la tierra con un diluvio…

Así he jurado que no me enojaré contra ti, ni te reñiré.

Isaías 54: 9

Para aquellos que entren en este pacto, Dios nunca, nunca, nunca está enojado con ellos. Él nunca, nunca, nunca les ha reprochado nada. Ahora bien, Él les indicará cuándo hacen algo mal; no es porque el precio del pecado no haya sido pagado. Él ya pagó por sus pecados. Pero Dios sabe que cuando se someten al pecado, le están abriendo una puerta al diablo en su vida. Si hacen eso el enemigo entrará, se comerá su almuerzo y no les va a dejar ni las migajas. Por amor, el Señor les dirá que no lo hagan—no porque vaya a imputar eso en su contra o a detener Su bendición, sino—porque no quiere que Satanás tenga una incursión en su vida.

Dios te revelará cosas y dirá: "Deja de hacer esto", pero la culpa, la condenación y la carencia de valor que sientes no provienen de Él. La religión es la que te hace pensar que Dios está enojado contigo, que te ha abandonado, y que te ha arrumbado. Eso es la religión—operando a través de tu propia conciencia—condenándote. Dios no es el autor de la condenación.

Un Pacto De Paz

Ahora, pues, ninguna condenación hay para los que

están en Cristo Jesús, los que no andan conforme a la carne, sino conforme al Espíritu.

Romanos 8:1

Dios no está enojado contigo. Él ha jurado un pacto incondicional. A pesar de lo que haces, Dios no está enojado contigo. Nunca te va a reprochar nada. Todas esas veces que has escuchado a las gentes que toman la palabra y testifican: "Hice algo malo y Dios me ha regañado"—no están diciendo la verdad. El Espíritu Santo pudo haberles mostrado que estaban mal, pero era su propia conciencia la que estaba condenándolos y haciéndolos sentirse miserables. Las ocasiones cuando has dicho: "Bueno, he pecado en contra de Dios, y ahora me ha dejado", es tu conciencia la que te condenó y te separó.

Piensa en todas esas veces que cantaste la oración de David:

Crea en mí, oh Dios, un corazón limpio, y renueva un espíritu recto dentro de mí. No me eches de delante de ti, y no quites de mí tu Santo Espíritu.

Salmo 51:10-11

Está mal. David oró esto porque era un santo del Antiguo Testamento. Pero como un creyente del Nuevo Testamento, Dios creó en ti un corazón limpio en el preciso momento en que fuiste vuelto a nacer (Ef. 4:24). Él prometió nunca dejarte ni abandonarte (Mt. 28:20; He. 13:5). Cada vez que sientes que Dios está enojado contigo y que te ha dejado—¡estás mal!

Porque los montes se moverán, y los collados temblarán, pero no se apartará de ti mi misericordia, ni el pacto de mi paz se quebrantará, dijo Jehová, el que tiene misericordia de ti.

Isaías 54:10

El Evangelio De La Paz

Lo que nos trae de regreso a:

¡Gloria a Dios en las alturas, y en la tierra paz, buena voluntad para con los hombres!

Lucas 2:14

Dios está en paz ahora con la humanidad. La guerra ya terminó. Él ha hecho un pacto y ha firmado un tratado. Él nunca más estará enojado con nosotros ni nos reprochará nada.

Vestíos de toda la armadura de Dios, para que podáis estar firmes contra las acechanzas del diablo...estad, pues, firmes ...calzados los pies con el apresto del <u>Evangelio de la paz</u>.

Efesios 6:11-15

¡El Evangelio de la paz! Predicar: "Hay guerra. Dios está enojado y molesto. Si tú no te arrepientes, no te bendecirá y no actuará en tu vida" no es el Evangelio de la paz. La razón por la que la gente no tiene una mejor respuesta es porque no han escuchado el verdadero Evangelio. No están escuchando el mismo mensaje que Jesucristo proclamó.

Cristo había leído estas citas bíblicas en Isaías. Él no estaba imputándole sus pecados a la gente. Él sabía lo que estaba sucediendo. Jesucristo entendió que Él era el Cordero de Dios que pagaría el precio y llevaría todos los pecados del mundo entero (Jn.1:29). Por eso, Él pudo dar un giro de ciento ochenta grados y extender la misericordia hacia los pecadores.

Cegado Por La Religión

Le hemos permitido a la religión cegarnos a la verdad de que

Jesucristo pagó por todo el pecado—no sólo por los pecados de los creyentes, sino también por los pecados de todo el mundo.

> *Y él* [Jesús] *es la propiciación por nuestros pecados; y no solamente por los nuestros, sino también por los de todo el mundo.*
>
> 1 Juan 2:2

Los pecados de todo el mundo están pagados. El pecado no es el problema. La gente no se está yendo al infierno por su pecado. Se están yendo porque no han aceptado el pago por sus pecados. No han recibido al Señor Jesucristo. No lo conocen. No han recibido a Jesucristo como su Señor y Salvador personal.

No Puedes Hacer Lo Suficiente

¿Todavía estás tratando de pagar por tu pecado? ¿Estás haciendo "penitencia"? Una vez conocí a un hombre en Arlington, Texas, mientras ministraba sobre esto. Anteriormente en su vida él había estado bajo el engaño de pensar que lo que Cristo sufrió por nosotros no fue suficiente. En realidad, él pensaba que también tenía que hacer penitencia. Me mostró las grotescas cicatrices en sus codos y rodillas que se había hecho en México. Durante la Semana Santa de un cierto año, él había gateado apoyándose sobre sus manos y rodillas, encima de pedazos de vidrio roto, por cinco km, para hacer penitencia. Otro muchacho me dijo cómo él había permitido que lo crucificaran durante la Semana Santa porque pensó que ayudaría a expiar sus pecados. ¡Ésa es una ofensa para Dios! porque significa: "Jesucristo no pagó todo, y yo todavía tengo que hacer algo".

Jesucristo fue crucificado para que yo no tenga que ser crucificado. Pero muchos de nosotros todavía nos sentimos separados de Dios. Ahora bien, la mayoría de nosotros no estaríamos dispuestos a dejarnos crucificar como un acto de penitencia. La mayoría de nosotros diría: "¡Eso es tonto!" "No hay razón por la que debamos hacer eso. Jesucristo ya pagó eso por nosotros". Eso es verdad, pero el diablo tiene otras formas más sutiles para seducirnos a lo mismo. Todos fallamos a veces y pecamos en contra de Dios. En vez de simplemente confiar en lo que Las Escrituras dicen sobre el perdón, todavía sentimos que tenemos que hacer penitencia. Tenemos que atravesar unos días más de remordimiento hasta que Dios verdaderamente nos perdone. A lo mejor sentimos que tenemos que pasar una hora extra orando o leyendo La Palabra, o que debemos dar algo extra en la ofrenda para compensar la falta que tuvimos y que Dios nos acepte. Es exactamente la misma mentalidad de penitencia. Simplemente es un estándar diferente y una clase diferente de "penitencia".

A lo mejor piensas que por ir a la iglesia, dar algo extra en la ofrenda, o tratar de ser bueno estás "apaciguando" a Dios. Podrías estar apaciguando a tu propia conciencia, ¿pero alguna vez has confiado en forma personal en Jesucristo? ¿Lo has recibido?, o todavía estás tratando de negociar con Dios de alguna manera. ¿Estás confiando en el pago que Cristo hizo, o en tus buenas obras, esperando que basten para que seas salvo? Sé honesto contigo mismo porque la eternidad es para siempre.

¡No puedes hacer lo suficiente! No hay nada que tú puedas ofrecer que alguna vez pueda sobrepasar lo que Jesucristo ha hecho. Jesucristo más cero es igual a todo. Pero Jesucristo más cualquier cosa—especialmente tu esfuerzo propio—¡es igual a nada! O tienes que confiar en el Señor Jesucristo ciento por ciento, o confiar en ti mismo, pero no puede haber una combinación de las dos posibilidades. O tienes un Salvador que ha ganado tu salvación por lo que hizo, o debes ganar tu salvación por tu propio mérito, lo cual no puede hacerse.

CAPÍTULO 6

Todo El Juicio

¡Dios ya no está enojado! El pecado ha sido expiado y Él no les está imputando a los hombres su pecado. Cuando "un Salvador, que es CRISTO el Señor" nació (Lc.2:11), una multitud de ángeles alabó a Dios cantando:

> *"¡Gloria a Dios en las alturas, y en la tierra paz, buena voluntad para con los hombres!"*
>
> Lucas 2:14

Esto no hablaba acerca de paz "entre" los hombres, sino más bien acerca de paz de Dios hacia los hombres. Muchas personas no han entendido la diferencia entre el Antiguo Testamento y el Nuevo. En el Antiguo Pacto, había ira y castigo muy severos de parte de Dios hacia los hombres. Sin embargo, el Señor no opera de la misma forma en el Nuevo Pacto. No obstante, muchas personas no han comprendido esta verdad y lo han mezclado todo, pensando que Dios todavía está tratando con la humanidad de la misma forma que antes. Esto no es así.

Si no comprendes esta verdad, esto afectará tu relación con Dios de una forma negativa. ¿Cómo puedes acercarte a una persona con amor si piensas que está afligiendo con enfermedad y dolencias a la gente, que se aleja de ellos cuando pecan, y que hoy en día está mandando al ángel de la muerte a matar personas? Tienes que darte cuenta que hoy tenemos un pacto que es mejor y que está basado en mejores promesas (He. 8:6). Bajo el Nuevo Pacto, la relación entre Dios y el hombre es totalmente diferente.

¡La guerra ya terminó! Dios puso el castigo que nos merecíamos sobre Su Hijo (Is.53:4-6). Cristo sufrió y pagó el precio total por nuestros pecados. Cuando Dios Padre vio la aflicción del alma de Jesucristo, Él quedó satisfecho (Is. 53:11). Ahora tú no tienes que sufrir separación de Dios. Él ha prometido no volver a enojarse contigo ni reñirte nunca más (Is 54:9). ¡Éstas son unas verdades grandiosas!

Éste es un mensaje radicalmente diferente del mensaje que la iglesia típica de nuestros días está dando. Por esto, muchas personas no entienden cuánto los ama Dios. Su fe está obstaculizada, y tienen dificultad para recibir de Dios (Gá. 5:6).

De Espíritu A Espíritu Vuelto A Nacer

La mayoría de las personas no dudan de la capacidad de Dios. De lo que dudan es de Su disponibilidad para usar Su capacidad a su favor. ¿Por qué? No se sienten merecedores. La verdad es que no eres merecedor si simplemente ves tus acciones. Pero Dios no ve solamente tus acciones. El castigo por tu pecado fue puesto sobre Jesucristo en la cruz. Ahora bien, Él no solamente quitó tu pecado, sino que también te ha dado la justicia de Cristo. En tu espíritu vuelto a nacer, eres tan justo, santo y puro como El mismo Señor Jesucristo.

> *Y vestíos del nuevo hombre* [tu espíritu vuelto a nacer], *creado según Dios en la justicia y santidad de la verdad.*
>
> Efesios 4:24

Dios es un espíritu.

> *Dios es Espíritu; y los que le adoran, en espíritu es necesario que adoren.*
>
> Juan 4:24

Dios te ve a ti en el ámbito espiritual—de Espíritu a espíritu. Él no te ve como tú te ves a ti mismo.

> *Jehová no mira lo que mira el hombre; pues el hombre mira lo que está delante de sus ojos, pero Jehová mira el corazón.*
>
> 1 Samuel 16:7

Dios no está viendo tus acciones, pecados, y fracasos. Él no está enojado contigo como tú estás enojado contigo mismo. Él no está desilusionado de ti como tú estás desilusionado de ti mismo. Dios te ve en el Espíritu, y en el espíritu eres una creación completamente nueva (2 Co.5:17). Dios está enamorado de ti. Él quiere actuar en tu vida, pero tu cooperación es necesaria. No tienes que vivir una vida santa y ganarlo, pero sí tienes que creer en Dios. La mayoría de nosotros no podemos confiar que Dios realmente va a actuar en nuestra vida porque sabemos que no lo merecemos. Eso se debe a que nosotros hemos estado bajo un mensaje que nos ha estado predicando una conciencia de pecado: "¡Si tienes pecado en tu vida, Dios no contestará tu oración. Tienes que hacer esto y aquello, y esto y aquello y todas estas cosas!"

La guerra ya terminó. Dios no nos está imputando nuestros pecados. Él no está enojado con nosotros. Dios nos ama. Si simplemente pudiéramos recibir esta buena nueva, nuestra fe se dispararía hasta las nubes. Empezaríamos a recibir de Dios, y Su poder sobrenatural operaría en nuestra vida en gran, gran manera.

¿Un Trueno?

Cuando Jesucristo se estaba preparando para entregar su vida por nosotros, Él se dirigió a Jerusalén. Cuando estaba ahí, oró…

> *Padre, glorifica tu nombre. Entonces vino una voz del cielo: Lo he glorificado, y lo glorificaré otra vez. Y la multitud que estaba allí, y había oído la voz, decía que había sido un trueno. Otros decían: Un ángel le ha hablado.*
>
> Juan 12:28-29

Estas personas oyeron una voz audible de Dios que venía del cielo decir: "He glorificado Mi nombre, y lo glorificaré otra vez". Algunos de ellos no podían creer que verdaderamente era Dios el que estaba hablando.

Hoy en día la gente ora así: "¡Oh Dios, háblame, dame una señal!" Si escucharas una voz audible de Dios desde el cielo, pero tu corazón fuera duro, la rechazarías y justificarías el rechazo pensando: "Oh, es sólo un trueno". Esas personas del Antiguo Testamento no son diferentes a las personas de hoy en día. Tienes que ser capaz de escuchar a Dios en tu corazón.

Dios no va a hablar muy frecuentemente con una voz sonora desde el cielo. Aunque lo hiciera, si tu corazón estuviera duro, lo malinterpretarías. No lo creerías. Ahí estaba una voz audible de Dios saliendo del cielo, y esas personas del Antiguo Testamento se negaron a creerlo, diciendo: "¡Oh, sólo es un trueno!"

En otras palabras Jesucristo no necesitaba escuchar a Dios decir esto. Él ya estaba en comunión con Su Padre y escuchándolo. Esto se dio en consideración de los no creyentes, y sin embargo la mayoría de estos no creyentes ni siquiera pudieron recibirlo.

"Abordarlos Con Medios Materiales"

Respondió Jesús y dijo: No ha venido esta voz por causa mía, sino por causa de vosotros.

Juan 12:30

Ahora es el juicio de este mundo; ahora el príncipe de este mundo será echado fuera. Y si yo fuere levantado de la tierra, a todos atraeré a mí mismo.

Juan 12:31-32

Esto a menudo se interpreta como: "Si adoramos a Jesucristo y predicamos su mensaje adecuadamente, Dios va a atraer a la gente y todos van a venir. Y tendremos una gran iglesia instantáneamente". Eso no es lo que esta cita dice.

Viajo mucho por todas partes y veo muchas iglesias diferentes. No quiero criticar, pero algunas de las iglesias más grandes que he visitado también han sido unas de las peores. Son "buscadoras de amigos", lo cual significa que contemporizan. Reducen el mensaje hasta ajustarse a uno de veinte minutos. Tienen todas estas luces y flashes, pero muy poca Palabra. Ésas son las iglesias que realmente están creciendo hoy en día—las que están edificadas sobre el entretenimiento en vez de la predicación de La Palabra. Están haciendo el Cristianismo tan fácil que una persona puede asistir a la iglesia por una hora a la semana y sentirse que está cumpliendo con los requisitos de Las Escrituras que se refieren a las necesidades de esta vida. Esa persona tranquiliza su conciencia, pero no hay compromiso personal, nada se pide de ella.

Una vez le dije a un pastor de una iglesia de más de 10,000 miembros a la que asistí: "Si me entregaras esta iglesia, podría reducir su membresía a mil miembros en treinta días. Si me la dejaras por dos meses, podría reducirla a quinientos miembros.

La mayor parte de estas personas ¡ni siquiera son bautizados en el Espíritu Santo!" Simplemente no es cierto que las iglesias que predican el mejor mensaje y que exaltan a Jesucristo son las que tienen la mayor asistencia. Eso no es lo que observo que esté sucediendo en el cuerpo de Cristo. No es verdad que si simplemente predicas el mensaje correcto, Dios atraerá a todos los hombres a ese mensaje.

Ésa es la razón por la que empecé a predicar en el radio. Por aquella época fui a Childress, Texas, y tuve unas reuniones ahí. En ese tiempo tenía la impresión de que si simplemente ministraba La Palabra de Dios, Él atraería a todos los hombres hacia mí. Empezamos con seis personas, y para el tercer o cuarto día terminamos con cerca de veinte. Después de estas reuniones, tenía una cita para ir a otro lugar. Pero la noche antes de mi salida, Dios me despertó y me dijo: "Andrew, estás suponiendo que si simplemente haces lo correcto y confías en mí, que Yo le hablaré a la gente y los traeré a tu reunión. Si la gente fuera lo suficientemente espiritual para oírme decir: 'Ve a escuchar a Andrew Wommack', no necesitaría que les ministraras. No están escuchando al Espíritu. Son carnales. Por lo tanto, tienes que abordarlos en alguna forma material". Desperté temprano esa mañana y oré al respecto. Entonces empecé a predicar en el radio al día siguiente.

El Señor me dijo que tenía que abordar a la gente. Así que he estado ministrando La Palabra de Dios en el radio y la televisión. Envío cartas anunciando nuestras conferencias y nuestras reuniones en diferentes ciudades, invitando a la gente para que venga. La mayoría de las personas simplemente no son lo suficientemente sensibles al Espíritu Santo para escuchar sobre estas reuniones y asistir por su propia cuenta. Necesitan que los abordemos en alguna forma material.

He escuchado historias de creyentes en países donde son perseguidos por su fe. Ellos simplemente oran, y Dios les indica adónde y cuándo ir a la reunión. Cada Cristiano tiene la capacidad para escuchar a Dios así de claro, pero la mayoría de nosotros, no estamos fluyendo de esa forma. Entonces usamos medios materiales—como el radio, la televisión, y la correspondencia—para abordar a la gente con La Palabra.

"Cuando Yo Sea Levantado"

¿Qué es lo que Juan 12:32 verdaderamente dice?

> *Y yo* [Jesucristo], *si fuere levantado de la tierra, a todos... atraeré a mí mismo.*
>
> Juan 12:32

Aunque El Señor no especificó en esa oración en particular el significado de "a **todos o a todo** atraeré a mí mismo", al estudiar el original en Griego, el contexto lo aclara. Vamos a considerar el verso 32 a la luz de los versos 31 y 33.

> *Ahora es el juicio de este mundo; ahora el príncipe de este mundo será echado fuera. Y Yo, si fuere levantado de la tierra, a todos* [a todo juicio] *atraeré a mí mismo. Y decía esto dando a entender de qué muerte iba a morir.*
>
> Juan 12:31-33

"Juicio" era el tema en el versículo 31. En el versículo 33, vemos que Jesucristo dijo que el versículo 32 significa "de qué muerte iba a morir". No estaba diciendo: "Si tú predicas el mensaje correcto, todos van a venir". Él se estaba refiriendo a su próxima muerte en la cruz. A la luz de esto, vemos que el tema del versículo 31—juicio—se transfiere al versículo 32. Por lo tanto, Jesucristo dijo: "Cuando yo sea levantado en la cruz, atraeré todo el juicio de Dios para la raza humana hacia Mí mismo".

"No Hay Condenación"

Todo el juicio de Dios para toda la raza humana fue puesto sobre Jesucristo en la cruz. Dios castigó a Jesucristo con el castigo que merecemos. Si Dios Padre le aplicó a su Hijo nuestra sentencia— castigó a Su Hijo con nuestro castigo—entonces Dios nos estaría juzgando dos veces por el mismo delito si hoy nos juzgara a ti y a mí. En cierto sentido, estaría deshaciendo y descontando lo que Su Hijo—El Señor Jesucristo ha hecho. Dios ya ha juzgado nuestro pecado en la carne de Su Hijo.

> *Ahora, pues, ninguna condenación hay para los que están en Cristo Jesús, los que no andan conforme a la carne, sino conforme al Espíritu. Porque la ley del Espíritu de vida en Cristo Jesús me ha librado de la ley del pecado y de la muerte. Porque lo que era imposible para la ley, por cuanto era débil por la carne, Dios, enviando a su Hijo en semejanza de carne de pecado y a causa del pecado, condenó al pecado en la carne.*
>
> Romanos 8:1- 3

Esta palabra "condenó" significa "juzgó". Dios Padre juzgó al pecado en la carne del Señor Jesucristo.

> *Para que la justicia de la ley se cumpliese en nosotros, que no andamos conforme a la carne, sino conforme al espíritu.*
>
> Romanos 8:4

Romanos 8: 3 dice que Dios juzgó al pecado en la carne de Su propio Hijo. Él puso tu pecado en Su Hijo y lo juzgó. En nuestro sistema judicial aquí en los Estados Unidos, si alguien ha sido juzgado, enviado a prisión, sufrido, y cumplido con su sentencia no puedes volverlo a juzgar. Ya ha pagado la deuda. No puedes arrastrarlo a la Corte de Justicia, juzgarlo, y castigarlo otra vez por algo por lo que ya ha sufrido. Eso sería lo que se conoce como juzgar dos veces por el mismo delito.

Jesucristo sufrió por mi pecado. Él sufrió el castigo y la separación del Padre Celestial que yo merecía.

Dios mío, Dios mío, ¿por qué me has desamparado?

Marcos 15:34

Nunca voy a ser abandonado por Dios porque Jesucristo fue abandonado en mi lugar. Nunca estaré separado de Dios porque Jesucristo fue separado en mi lugar. Nunca voy a ser castigado por Dios por mi pecado porque Jesucristo fue castigado por Dios en mi lugar. ¡Esto es tan simple!; sin embargo la mayor parte del cuerpo de Cristo hoy en día le está imputando al hombre sus pecados y dice: "Bien, tú hiciste esto. Dios nunca te va a sanar porque tú hiciste esto. Mientras no te arrepientas de este pecado, Dios no puede actuar en tu vida". Te están haciendo responsable de tu propio pecado individual. Tienes que sufrir por tu propio pecado individual.

"Dios Te Ama, Tonto"

"¿Pero Andrew, estás diciendo que no hay consecuencias por mi pecado?" ¡NO! Eso NO es lo que estoy diciendo. Hay muchas consecuencias. Si vives en pecado, ¡eres un tonto! ¿Por qué? Porque Dios no es la única persona con la que estás tratando.

El juicio de Dios por tu pecado ha terminado. Él puso tu castigo, rechazo, y reproche sobre el Señor Jesucristo. Por lo tanto, Dios nunca te castigará, rechazará o te hará un reproche. El castigo de Dios por el pecado ha terminado. Pero el pecado también es una incursión del diablo en tu vida. El efecto vertical de tu pecado—la ira y el juicio de Dios que viene sobre ti— ha sido arreglado. Sin embargo, el efecto horizontal de tu pecado es grande.

¿No sabéis que si os sometéis a alguien como esclavos para obedecerle, sois esclavos de aquel a quien obedecéis, sea del pecado para muerte, o sea de la obediencia para justicia?

Romanos 6:16

Cuando te sometes al pecado, te estás sometiendo al autor de ese pecado. Es absolutamente tonto vivir en pecado porque le estás permitiendo al diablo una incursión en tu vida para que cause estragos. ¡Pero Dios te ama, tonto!

A lo mejor eres tonto, pero Dios te ama. Él no está enojado contigo, y verdaderamente Él no te está castigando. ¿Significa esto que puedes ir a vivir en pecado? Puedes pecar y aun así Dios te ama porque Él ya ha puesto todo tu pecado sobre Jesucristo, pero es tonto permitirle a Satanás una incursión en tu vida.

No Hay Nada Que Puedas Hacer

Cualquiera que tomara lo que estoy compartiendo y dijera: "Dios me ama y mis pecados ya han sido pagados, así que puedo cometer adulterio", está jugando Ruleta Rusa. La inmoralidad sexual abre la puerta a toda clase de enfermedades sexualmente transmisibles. Te condenarás y contaminarás tu conciencia. Perderás confianza y tu propio corazón te condenará. Lastimarás a la persona con la que estás casado, a la persona con la que cometes adulterio, a tus hijos, y a sus hijos— a mucha gente. Te pondrás en vergüenza y dañarás el reino de Dios. ¿Cómo puedes ser tan tonto y todavía estar vivo?

¡Pero Dios te ama, aunque actúes como un tonto! No estoy promoviendo el vivir en pecado, sino que estoy diciendo que tu pecado ya ha sido pagado. Jesucristo atrajo todo el juicio hacia Él mismo y sufrió tu iniquidad, tu vergüenza, y tu rechazo, Él sintió cualquier cosa que te puedas imaginar que una persona siente si comete asesinato, miente, engaña, roba y lastima a otras personas. Jesucristo sufrió la vergüenza, y el rechazo. Él sufrió la separación de Dios. Él ya lo hizo por nosotros, y es totalmente innecesario que tú lo sufras. El que tú sientas que tienes que hacer "penitencia" y de una forma u otra añadir a lo que Jesucristo ya ha hecho, es una humillación; es deshonorar a Jesucristo. Es arrogancia de nuestra parte pensar que lo que Jesucristo hizo no fue suficiente y que tenemos que añadirle algo para completarlo. No hay nada que puedas hacer.

> *Nos salvó, no por obras de justicia que nosotros hubiéramos hecho, sino por su misericordia.*
>
> Tito 3:5

No somos salvos por ningún valor o mérito en nosotros mismos. No tenemos nada que reclamar. ¡No hay nada que puedas hacer que le añada algo a lo que Jesucristo hizo!

CAPÍTULO 7

Entiende El Evangelio

Esencialmente, la forma como el "Evangelio" ha sido presentado hoy en día es: "Jesucristo ha pagado un precio, pero no es un precio completo. Y mientras no te arrepientas y vivas de acuerdo a cierto estándar, Dios no va a obrar en tu vida. Mientras no dejes de fumar, maldecir, y de juntarte con los que lo hacen, Él no puede contestar tus oraciones". Estamos añadiendo nuestra bondad propia, nuestra santidad y obras a lo que Jesucristo ha hecho. Ése es el mensaje que la mayor parte de la iglesia está predicando hoy en día.

Cada uno de nosotros ha sido expuesto a esto y ha pensado que tenemos que hacer cosas para ganarnos el favor de Dios. ¡Falso! Eres aceptado por Dios por lo que Jesucristo hizo—más cero. Todo lo que tienes que hacer es recibir esto por fe. Si estás pensando: "Bueno, yo sé que Jesucristo murió por mí y que hizo todas estas cosas, pero también tengo que ser santo"—eso es deshacer lo que Jesucristo ha hecho.

> *Y si por gracia, ya no es por obras; de otra manera la gracia ya no es gracia. Y si por obras, ya no es gracia; de otra manera la obra ya no es obra.*
>
> Romanos 11:6

Ésa no es más que una forma de decir en español antiguo "O eres salvo por gracia o por obras, pero no por una combinación de las dos". O eres salvo por la gracia de Dios y todo lo que tienes que hacer es recibirla por fe, o debes ser salvo por tu propia bondad y mérito (lo cual no puede hacerse). No es una combinación de las dos. No es el hecho de que Jesucristo provea el pago mínimo y después tú le añadas a eso. Jesucristo lo pagó todo, y todo el asunto es que tú creas y recibas, o que dudes y te lo pierdas. Así es como esto funciona.

Sin embargo, la mayoría de nosotros ha caído bajo el control de esta mentalidad de "obras". Satanás es el acusador de los hermanos. Él no puede acusar a Dios, así que enfoca sus esfuerzos en nosotros. En realidad, el diablo ni siquiera está tratando de decirnos a la mayoría de nosotros que: "Dios no puede hacer milagros. Dios no puede liberarte, sanarte o bendecirte". Si tú crees en Dios, entonces—por definición—Él puede hacer cualquier cosa. Tú no estás dudando que Dios tiene el poder y que puede hacerlo. Satanás está peleando contigo primordialmente al decir: "Seguro, Dios puede hacer cosas. Pero ¿qué te hace pensar que lo hará por ti—¡gusano!?" Entonces te mostrará que te enojaste con alguien, que no has estudiado La Palabra, que no has orado, y así sucesivamente. La razón por la que te lo estás perdiendo es porque atas el hecho de que Dios actúe en tu vida a tu comportamiento.

Ya que estamos tratando algunos de los puntos sobresalientes del libro de Romanos, me gustaría recomendarte mi sinopsis del libro de Romanos, *La Gracia, El Poder del Evangelio.*

Noticias Que Casi Son Demasiado Buenas Para Ser Verdaderas

Porque no me avergüenzo del evangelio, porque es poder de Dios para salvación a todo aquel que cree; al judío primeramente, y también al griego. Porque en el evangelio la justicia de Dios se revela por fe y para fe, como está escrito: Mas el justo por la fe vivirá.

Romanos 1:16-17

La palabra *Evangelio* se ha convertido en un cliché religioso. Muchos de los que lo abrazan hoy en día, ni siquiera conocen su significado. Usamos la palabra "Evangelio" para referirnos a cualquier cosa relacionada con la iglesia o el Cristianismo. La gente dice: "Soy un ministro del Evangelio". Sin embargo, muchas de estas personas nunca predican nada que sea "buenas nuevas", que es lo que la palabra "Evangelio" significa. Andan por ahí diciendo: "Eres un pecador en camino al infierno. ¡Arrepiéntete o ya verás! ¡Torna o truena! Estoy predicando el Evangelio". Eso no es el Evangelio. Es verdad que hay un Dios y un diablo, un cielo y un infierno, y que si no te arrepientes te vas a ir al infierno. Esas cosas son verdad. Pero ésas no son buenas nuevas. Eso no es el Evangelio.

Hay solamente dos ejemplos, en toda la literatura Griega, de esta palabra traducida "Evangelio" que muestran que se ha usado fuera de la Biblia. Es porque Evangelio significa más que simplemente "buenas nuevas". Es un superlativo que literalmente significa "noticias- casi- demasiado- buenas- para-ser-verdaderas". Ésta era una palabra que existía fuera de la Biblia antes de que la Biblia fuera escrita, pero casi no se usaba porque no había casi nada en la vida que fuera noticias que casi son demasiado buenas para ser verdaderas.

Aparte de Dios y de las cosas buenas que Él ha hecho a través de Jesucristo, la vida es mala. La vida es una experiencia fatal. Todos estamos en varias etapas del proceso de morir. Si vieras a la vida en una forma crítica—aparte de la bondad de Dios, de Sus promesas, y de la esperanza del cielo—hay muchas razones para estar deprimido. Si no tienes un problema ahora mismo, simplemente espérate. Tendrás uno pronto. La vida es mala. Pero cuando Jesucristo apareció y llevó toda la ira de Dios y Su juicio por nuestro pecado sobre Él mismo, ¡mostró un amor increíble!

¡Dios todopoderoso murió por nosotros! El universo entero cabe en el hueco de Su mano (Is.40:12). Piensa qué grande es Su palma. La mano de Dios es más grande que el universo. Sin embargo, Él vino y vivió dentro de un ser humano. Y ahora vive en nosotros. Llevó nuestros pecados y murió por nosotros. ¡Ésas son noticias que casi son demasiado buenas para ser verdaderas!

Gente Religiosa

¿Quién moriría por una hormiga o una mosca? Son tan insignificantes. Sin embargo, Dios es infinitamente más grande que nosotros, y nos amó lo suficiente para morir por nosotros. Ésas son noticias que casi son demasiado buenas para ser verdaderas. Él llevó nuestros pecados. Entonces cuando Pablo usó la palabra Evangelio, ésta no era un cliché religioso. Nadie pasó por alto esto. Él estaba diciendo: "No siento vergüenza al decirle a la gente que Dios ha pagado por sus pecados, que todo ya ha sido hecho, que Dios ya no está enojado". El sistema religioso en la época de Pablo gritó al escuchar esto porque estaban predicando un "Evangelio" de malas nuevas que ni siquiera era un Evangelio. Eran simplemente malas nuevas que decían que Dios estaba enojado y que tenías que apaciguarlo haciendo todos los rituales; tenías que contar cuántos pasos dabas en el día de reposo, porque si dabas demasiados, Dios se enojaría contigo.

Juan el Bautista fue educado por los Esenios. Éstos eran un grupo de Judíos que vivían cerca del Mar Muerto y escribieron los Rollos del Mar Muerto. En estos rollos algunos investigadores han descubierto documentos que revelan lo legalistas y ritualistas que eran estas personas. Los Esenios en realidad enseñaron que era en contra de la ley el tener un movimiento fecal en el día de reposo. ¡No te hubieran permitido tener un movimiento fecal en día de reposo porque podría ser considerado como trabajo! Ésa es la clase de sistema religioso al que Jesucristo vino y al que Pablo se estaba dirigiendo. Eran personas que eran tan ritualistas y tan legalistas que pensaban que si tú no hacías todas estas cosas, Dios se enojaría contigo y te rechazaría.

Pablo simplemente proclamó con denuedo: "No me avergüenzo de decirle a la gente que Dios los ama y que sus pecados están pagados". Hoy la historia se repite. He sido perseguido por decirle a la gente que Dios los ama. He sido muy criticado por predicar que Jesucristo llevó sus pecados y que Dios ya no está enojado con ellos. ¿Quiénes eran los que persiguieron a Jesucristo? La gente religiosa ¿Quiénes eran los que persiguieron a Pablo? La gente religiosa. ¿Puedes adivinar quiénes son los que están persiguiendo el Evangelio hoy en día? Exacto—¡la gente religiosa! Esto es porque les han enseñado que Dios está enojado con nosotros y que no va actuar en nuestras vidas a menos que hagamos esto y aquello, y esto y aquello. Tenemos un sistema farisaico instituido hoy en día, como en los tiempos Bíblicos. ¡Pero el Evangelio son las buenas nuevas!

La Salvación Incluye La Sanidad

El Evangelio es poder de Dios para salvación (Ro.1:16). **Sozo**, la palabra Griega que aquí se traduce como "salvación", no significa solamente "perdón de pecados". También incluye sanidad, liberación, y prosperidad.

> *¿Está alguno enfermo entre vosotros? Llame a los ancianos de la iglesia, y oren por él, ungiéndole con aceite en el nombre del Señor. Y la oración de fe salvará* [Sozo] *al enfermo.*
>
> Santiago 5:14-15

La sanidad es parte de la salvación. Entonces, cuando La Palabra dice que el Evangelio es el poder de Dios para la salvación, esto también significa que el Evangelio es el poder de Dios para tu sanidad. El Evangelio es el poder de Dios para tu prosperidad económica. El Evangelio es el poder de Dios para tu liberación y estabilidad emocional. Si tú no estás experimentando paz, gozo, y victoria; si no eres sano en tu cuerpo; es porque no tienes una revelación total del Evangelio. Si verdaderamente conocieras el Evangelio— las noticias que casi son demasiado buenas para ser verdaderas de lo mucho que Dios te ama—tu cuerpo sería sanado.

Muchos Cristianos hoy en día están promoviendo los productos naturales para la salud. Están diciendo que deberías empezar una dieta vegetariana, comer grano de cebada, y así sucesivamente. No es nada fuera de lo común ver programas Cristianos en la televisión o visitar una librería Cristiana y ver más información disponible sobre la salud, dietas, y el ejercicio que sobre el mensaje del Evangelio. Ahora bien, hay un balance aquí. Pero déjame decirte que no creo que lo que comes y la forma en que haces ejercicio determina un 90 o 99 por ciento de tus asuntos de salud. La Biblia no enseña eso.

Tú podrías decir: "¡Oh sí, sí lo enseña! Habla sobre estas leyes dietéticas". Sin embargo, la única vez que se da una explicación de estas leyes dietéticas es en Colosenses.

> *Por tanto, nadie os juzgue en comida o en bebida ... todo lo cual es sombra de lo que ha de venir; pero el cuerpo es de Cristo.*
>
> Colosenses 2:16-17

Salud Bíblica

Todas estas leyes dietéticas del Antiguo Testamento eran tipos y sombras de las realidades del Nuevo Testamento que ahora han sido cumplidas. Que alguien diga: "Dios me dijo que no coma puerco porque es malo para mí" es incorrecto. Es una doctrina del diablo.

> *Pero el Espíritu dice claramente que en los postreros tiempos algunos apostatarán de la fe, escuchando a espíritus engañadores y a doctrinas de demonios... y mandarán abstenerse de alimentos que Dios creó para que con acción de gracias participasen de ellos los creyentes y los que han conocido la verdad.*
>
> 1 Timoteo 4:1-3

Si alguien te ordena abstenerte de comer carnes, eso es una doctrina del diablo. No estoy diciendo que no deberías usar sabiduría, pero date cuenta que la sabiduría convencional acerca de lo que debes comer cambia más o menos cada diez años. Recientemente escuché un reporte que dice que una dieta muy baja en grasas es perjudicial para ti. Le impide a tu cerebro que funcione. Yo he sospechado eso todo este tiempo. Tu cerebro tiene que tener una cierta cantidad de grasa para funcionar. Ellos cambian los "estándares" todo el tiempo.

¿Qué dice la Biblia sobre la salud?

> *El corazón alegre constituye buen remedio; Mas el espíritu triste seca los huesos.*
>
> Proverbios 17:22

> *Honra a tu padre y a tu madre, para que tus días se alarguen en la tierra que Jehová tu Dios te da.*
>
> Éxodo 20:12

La Biblia habla de actuar en honor y gozo. Si tú entendieras lo perdonado y amado que eres, empezarías a regocijarte y a alabar a Dios. Una vez que comprendes el Evangelio, tu ámbito natural—tu cuerpo y alma—mejorará. Tu sistema inmune funcionaría mejor si no estuvieras deprimido sintiéndote sin valor, contaminado y condenado todo el tiempo. Tendrías salud en el ámbito natural, ya sea que recibieras una curación sobrenatural de Jesucristo o no.

Paz Perfecta

La comida y el ejercicio son parte de eso, pero no es tanto como la gente piensa. No puedo comprobar esto, pero creo que aproximadamente un 20 por ciento de tu salud viene de los alimentos que comes y del ejercicio. La mayoría de la gente diría que es un 90 por ciento o más. Yo creo que tu gozo en el Señor, honrar a tus padres, y así sucesivamente, es más importante que estas cosas naturales. Como Cristianos hemos —en cierto sentido—llegado a ser muy antropocéntricos. Estamos ignorando la raíz espiritual de las cosas, y estamos tratando de encontrar una causa orgánica o física para todo.

"Estás deprimido porque no tienes ciertas substancias químicas". No es verdad. La razón por la que no tienes ciertas substancias químicas es porque estás deprimido. Entonces una de dos: o puedes lidiar con la depresión haciendo lo que La Palabra dice—escogiendo gozarte en El Señor y motivándote a ti mismo en Él — o bien tomándote una pastilla y haciendo que alguien te drogue para que puedas funcionar. Pero ésta no es la forma correcta de hacerlo.

> *Tú guardarás en completa paz a aquel cuyo pensamiento en ti persevera; porque en ti ha confiado.*
>
> Isaías 26:3

"Eso es verdad excepto para aquellos que han sufrido experiencias traumáticas, que crecieron en familias desintegradas, o que tienen desequilibrios químicos". No, eso no es lo que la Biblia dice. No hay excepciones. Si tú mantuvieras tu mente apoyada en El Señor, tendrías una paz perfecta. Si no tienes una paz perfecta, tu mente no está apoyada en El Señor, está apoyada en la religión. Si entendieras el Evangelio, éste produciría salud, gozo, paz, y prosperidad. ¡Esto es maravilloso!

Conocimiento Intuitivo

La gente dice: "Bien, las personas tienen que saber que son pecadoras. Necesitan saber que Dios está enojado con ellas". En Romanos 1:18-20, Pablo dijo en esencia: "La gente ya sabe que son pecadores. Es un conocimiento intuitivo. Dios se ha revelado a Sí mismo desde el cielo en contra de todo el pecado y la injusticia del hombre". No necesitas condenar a la gente. Ellos ya tienen un conocimiento intuitivo.

Ahora bien, a lo mejor pueden jugar con sofismas y tratar de racionalizarlo. Cuando yo era un soldado Americano en Vietnam, muchas personas me dijeron que eran ateos. Uno de ellos, un ateo educado en *Princenton*, hizo que me viera como un tonto solamente porque él tenía más facilidad de palabra que yo. Pero cuando las bombas empezaron a caer y las balas a volar, este muchacho clamó con todo su corazón al Dios en el que él dijo que no creía, diciendo: "¡Oh Dios, sálvame!" Todo esto es un sofisma. Apunta una pistola a sus cabezas y ellos dirán: "¡Oh, Dios, ayúdame!" Saben que hay un Dios. Es mentira que no lo sepan. No tienes que tratar de convencer a la gente de que hay un Dios. Todo el mundo en su corazón lo sabe. ¡Todo el mundo!

"Pero Andrew, yo conozco a alguien que no lo sabe". No, tú no lo conoces. Conoces a alguien que dice que no cree en Dios, pero lo sabe en su corazón. Ni siquiera discutas con su cabeza. Simplemente dirígete directamente a su corazón y háblale como si conociera la verdad. Descubrirás que la gente responderá.

En el resto de Romanos 1, Pablo mostró que no tienes que convencer a la gente de que han pecado. Ellos están condenados en su propio corazón. Conocen que hay bien y mal. Todo el mundo sabe que hay sólo un Dios, y que ellos no son ese Dios. Eso es algo intuitivo dentro de cada persona.

CAPÍTULO 8

Justificado Por La Fe

En Romanos 2, Pablo mostró que la gente religiosa es doblemente culpable. No solamente tienen el testimonio de su conciencia, sino que también tienen lo que saben de La Palabra de Dios. Por lo tanto la gente religiosa es doblemente responsable y doblemente culpable delante de Dios. Pablo resumió todo esto en el capítulo 3, diciendo:

> *Por cuanto todos pecaron, y están destituidos de la gloria de Dios.*
>
> Romanos 3:23

Tanto la gente religiosa como la no religiosa saben que tienen una necesidad en su vida. Ya sea que operen solamente con un conocimiento intuitivo de Dios, o también con La Palabra de Dios que les han enseñado, todo el mundo sabe que necesita ayuda.

En Romanos 4, Pablo se volvió a dirigir principalmente a la gente religiosa. Tomó los ejemplos de Abraham y David, dos de los más grandes Patriarcas del Antiguo Testamento, y mostró cómo no fueron justificados—puestos en una relación correcta con Dios—por su santidad. Lo fueron por la gracia de Dios.

El Señor fue muy franco al registrar los pecados de los personajes Bíblicos. David ordenó el asesinato de uno de sus soldados en un esfuerzo para cubrir su adulterio y luego casarse con la esposa del varón. Sin embargo, vemos a David hoy en día y decimos: "¡Qué gran rey! ¡Qué hombre tan santo!" El hombre cometió adulterio y asesinato, sin embargo él fue el hombre conforme al corazón de Dios (1 S.13:14). La gente que dice: "Dios solamente usa a la gente que es merecedora de ser usada", y "Tienes que ser santo antes de que Dios te use", está equivocada.

Fe Para La Justicia

Dios no ha tenido a nadie que trabaje para Él y que cumpla con los requisitos. ¡Yo no voy a ser el primero! ¡Ni tú tampoco! Dios nunca ha tenido a alguien que mereciera ser usado. Él fue muy franco sobre esto.

> *Porque si Abraham fue justificado por las obras, tiene de qué gloriarse, pero no para con Dios.*
>
> Romanos 4:2

En otras palabras, si Abraham hubiera ganado todas estas cosas de parte de Dios por su grandeza, entonces él hubiera podido presumir en frente de alguien, aunque no enfrente de Dios.

> *Porque ¿qué dice la Escritura? Creyó Abraham a Dios, y le fue contado por justicia.*
>
> Romanos 4:3

Ésa es una cita de Génesis 15:6. Dios le acababa de decir a Abraham: "Cuenta las estrellas en el cielo, si puedes. Así será tu descendencia" (Gn.15:5). Abraham simplemente le creyó a Dios, así que su fe "**le fue contada por justicia**".

La esposa de Abraham era su media hermana (Gn.20:11-12). De acuerdo al libro de Levítico en el versículo 18:9, ésta era una abominación sexual para Dios. Si la ley hubiera estado vigente, Abraham hubiera sido apedreado hasta la muerte. ¿Cuándo crees que Dios decidió que casarse con una media hermana estaba mal? Como Él no cambia, sabemos que esto siempre estuvo mal (Mal.3:6; He.13:8). Pero hasta que la ley fue dada, Dios estaba tratando misericordiosamente con la gente y no les estaba imputando sus pecados (Ro.5:13). Abraham estaba viviendo en inmoralidad sexual ante Dios, y sin embargo, él es la única persona en el Antiguo Testamento que fue llamado un amigo de Dios (2 Cr. 20:7; Stg. 2:23).

Él Justifica Al Impío

Dios usó a Abraham porque éste creyó en Su promesa, no por la bondad o grandeza de Abraham. Abraham no era el más santo de los santos. Él le pagaba sus diezmos a Melquisedec. Melquisedec era un hombre mucho más prominente. Él era el sacerdote del Dios altísimo. De acuerdo a Hebreos 7:7, el menor es bendecido por el mayor. Como Melquisedec bendijo a Abraham (Gn.14: 18-20), él era el más prominente de los dos. Sin embargo, Dios usó a Abraham en lugar de Melquisedec para empezar la nación. Abraham no fue escogido porque fuera la mejor persona sobre la tierra. Abraham simplemente confió en Dios y creyó en Su promesa. Dios lo usó por su fe.

> *Pero al que obra, no se le cuenta el salario como gracia, sino como deuda; mas al que no obra, sino cree en aquel que justifica al impío, su fe le es contada por justicia.*
>
> Romanos 4:4-5

Dios justifica al impío. Ésa es la única clase de personas que Él puede justificar. Eso es porque Él no tiene a nadie más a quien justificar. ¡Todos somos impíos! La palabra "**impío**" significa "que no es como Dios". A lo mejor eres mejor de lo que yo soy. A lo mejor has vivido una mejor vida que la que yo he vivido, ¿pero quién quiere ser el mejor pecador de todos los que han ido al infierno? Todos…

> *Pecaron, y están destituidos de la gloria de Dios.*
>
> Romanos 3:23

¡Todos somos impíos! Nunca nadie ha actuado consistentemente en forma perfecta como Dios. Por lo tanto, Dios solamente justifica a los impíos. Si te niegas a admitir que eres un impío, no puedes ser justificado. Esta misma verdad se aplica a nuestra relación con Dios después de que hemos sido vueltos a nacer. Las únicas personas con las que Dios puede verdaderamente relacionarse y asociarse son aquellos que están dispuestos a admitir que no es su bondad, merecimiento, o valor, la base de su relación con Dios; sino que vienen a Él con base en la gracia de Dios y su fe en el Salvador. Si estás confiando en tu propia santidad, eso es precisamente lo que te está impidiendo recibir cosa alguna de parte de Dios; es el hecho de que estás diciendo: "Dios dámelo. Me lo merezco: he hecho algo que me hace merecedor". Ésa es la única clase de personas a la que Dios no puede contestarle sus oraciones. ¿Por qué? Su oración no está basada en la fe en el salvador. Son su propio "salvador". Están basando la respuesta de Dios en su vida en su propia bondad. ¡Eso es impío!

Los Sacrificios De Dios

> *Como también David habla de la bienaventuranza del hombre a quien Dios atribuye justicia sin obras, diciendo: Bienaventurados aquellos cuyas iniquidades son perdonadas, y cuyos pecados son cubiertos.*
>
> Romanos 4:6-7

Ésta es una cita del Salmo 32:1-2. David vio proféticamente y habló del día de la gracia cuando nuestros pecados serían pagados. Los pecados de David no fueron pagados. Él tenía una relación con Dios basada en la esperanza del pago futuro de sus pecados, pero ese pago todavía no se había hecho.

Los sacrificios de animales que se ofrecían en el Antiguo Testamento en realidad nunca aseguraron el perdón por los pecados de nadie. Era imposible que la sangre de los toros y las cabras quitaran los pecados (He.10:4). Eran sólo una imagen—un tipo y una sombra—de lo que estaba por venir. Era un recordatorio constante para ellos, y para nosotros al verlo en La Palabra, de que sin el derramamiento de sangre—sin que alguien dé su vida—no podríamos tener relación con Dios.

Aunque esos sacrificios eran requeridos en el Antiguo Testamento, David nunca los ofreció por los pecados que cometió en relación a Betsabé y Urías. Observa lo que dice su oración de arrepentimiento en el Salmo 51:

> *Porque no quieres sacrificio, que yo lo daría; No quieres holocausto. Los sacrificios de Dios son el espíritu quebrantado; Al corazón contrito y humillado no despreciarás tú, oh Dios.*
>
> Salmo 51:16-17

David tuvo una revelación de que estos sacrificios sangrientos de animales eran solamente tipos y sombras, y que lo que Dios quería en realidad era un arrepentimiento genuino del corazón. Él no ofreció sacrificios. No hay un registro en Las Escrituras de que él lo haya hecho. David estaba esperando que sus pecados fueran perdonados, que era la razón por la que se sentía separado de Dios cuando pecó. Eso es lo que estaba expresando cuando dijo:

> *Crea en mí, oh Dios, un corazón limpio, y renueva un espíritu recto dentro de mí. No me eches de delante de*

ti, y no quites de mí tu Santo espíritu. Vuélveme el gozo de tu salvación, y espíritu noble me sustente.

Salmo 51:10-12

Era correcto para David decir estas cosas porque él no era un Cristiano vuelto a nacer. Él no tenía un corazón nuevo. Pero hoy en día, a todo verdadero creyente en Cristo se le ha dado un corazón totalmente nuevo (2 Co. 5:17). Y Jesucristo les prometió a los creyentes del Nuevo Testamento:

No te desampararé, ni te dejaré.

Hebreos 13:5

Como David no tenía esta promesa, era correcto que él dijera estas cosas. Pero que un creyente del Nuevo Testamento cante: "Crea en mí un corazón limpio y renueva un espíritu recto dentro de mí. No me eches de delante de Ti, y no quites de mí tu Santo Espíritu", es incredulidad al máximo. ¡Es como darle una cachetada a Jesucristo! Tenemos la promesa del Señor de que nunca nos desamparará ni nos abandonará (He.13:5). Nuestros pecados ya han sido perdonados (1 Jn.2:2). Recibimos un corazón nuevo y un espíritu justo en el preciso momento en que fuimos vueltos a nacer. (Ef.4:24). Nunca le pidas a Dios que te dé un corazón nuevo después de que ya has recibido uno. ¡Eso es incredulidad!

Para un análisis más a fondo de lo que sucede en el instante en el que somos vueltos a nacer, recomiendo mucho mis estudios **El Nuevo Tú** y **Espíritu, Alma y Cuerpo.**

Motivado Por El Amor

Hay una diferencia entre la forma como la gente se relacionaba con Dios en el Antiguo Testamento y la forma como nos relacionamos con Él en el Nuevo. En el Antiguo Testamento las gentes estaban poniendo sus ojos en el precio que sería pagado, mientras que nosotros estamos viendo hacia atrás. El que digas: "Oh, Dios, por favor perdóname mis pecados", después de que has sido vuelto a nacer, es incorrecto. El precio ya ha sido totalmente pagado y tú eres totalmente perdonado.

David dijo:

> *Bienaventurados aquellos cuyas iniquidades son perdonadas, Y cuyos pecados son cubiertos. Bienaventurado el varón a quien el Señor no inculpa* [no tomará en cuenta (LBLA, tiempo futuro)] *de pecado.*
>
> Romanos 4:7-8

No era sólo que no lo hizo, o que no lo hace, sino también [tiempo futuro] "que no lo hará". David vio que venía un pago tan grande por el pecado, que borraría todo el pecado—pasado, presente y hasta el pecado futuro sería arreglado. "Pero Andrew, ¡no puedo creer que estés diciendo que los pecados de una persona son perdonados aun antes de que los cometa!" Eso es exactamente lo que David vio. Eso es exactamente lo que este versículo dice. Todo el pecado— pasado, presente, y hasta el pecado futuro—ha sido arreglado y perdonado.

Tienes que comprender esto. Nada puede interponerse entre tú y Dios. No puedes arruinarte. No puedes hacer que Dios te abandone. ¡Él nunca te dejará ni te abandonará! Dios te ama—y no hay nada que puedas hacer al respecto. Algunos Cristianos dicen: "¡Oye, yo nunca diría eso! Si le das a la gente esa clase de seguridad, se irán a vivir en pecado. ¿Cuál sería su motivación para vivir una vida santa?" Por lo general, la iglesia ha estado usando el temor al rechazo y el temor al castigo para mantener a la gente en el camino del bien. En general, la iglesia cree que el temor es una mayor motivación que el amor. Pero eso no es verdad. El amor es una motivación infinitamente más fuerte. Es la bondad de Dios la que guía a la gente al arrepentimiento (Ro. 2: 4).

Sin Temor

> *En el amor no hay temor, sino que el perfecto amor echa fuera el temor; porque el temor lleva en sí castigo. De donde el que teme, no ha sido perfeccionado en el amor.*
>
> 1 Juan 4:18

Cualquiera que teme, no ha tenido el amor de Dios perfeccionado en su interior. El temor tiene tormento, pero el perfecto amor echa fuera el temor. ¿Estás sirviendo a Dios porque tienes temor de que si no lo haces, Él no va a contestar tus oraciones, o puedes perder tu salvación, o puede enviarte al infierno? Si es así, no has sido perfeccionado en el amor. No entiendes completamente el Evangelio. Ésa es la misma razón por la que no tienes poder para sanidad, liberación, gozo, y paz. Y ésa es la razón por la que hay tormento en tu relación con el Señor. Es el Evangelio— las noticias-que-casi-son-demasiado-buenas-para-ser-verdaderas del amor de Dios— lo que suelta todo lo que Jesucristo proveyó para ti. Muy pocas personas conocen el verdadero Evangelio.

David lo conocía y dijo:

> *Bienaventurados aquellos cuyas iniquidades son perdonadas, Y cuyos pecados son cubiertos. Bienaventurado el varón a quien el Señor no inculpa de pecado.*
>
> Romanos 4:7-8

> *¿Es, pues, esta bienaventuranza solamente para los de la circuncisión* [Judíos y Gente religiosa], *o también para los de la incircuncisión* [Los gentiles y los no religiosos]*? Porque decimos que a Abraham le fue contada la fe por justicia.*
>
> Romanos 4: 9

Recibe Su Paz

Entonces Pablo argumentó cómo Abraham fue contado como justo mucho antes de que recibiera la circuncisión y llevara a cabo esta obligación religiosa. Por lo tanto, fue su fe—no los deberes religiosos con los que cumplió—lo que hizo que Dios lo aceptara. Pablo usó a Abraham como un ejemplo de fe. Abraham fue llamado el Padre de muchas naciones inclusive antes de que tuviera un hijo. ¡Ésa era fe! Después de que Pablo habló sobre todas estas cosas, dijo:

> *Justificados, pues, por la fe, tenemos paz para con Dios.*
>
> Romanos 5:1

Es la fe la que nos da acceso a la gracia de Dios (Ro.5:2). Esto encaja con…

> *¡Gloria a Dios en las alturas, y en la tierra paz, buena voluntad para con los hombres!*
>
> Lucas 2:14

¿Cómo recibes esta paz? A través de comprender el Evangelio. Es a través de comprender que Dios puso tu pecado sobre Jesucristo. No eres tú. Tú no hiciste paz por el hecho de que ahora estás yendo a la iglesia, pagando tu diezmo y que has prometido no fumar o juntarte más con malas compañías. Piensas: "Haré lo correcto y entonces tendré paz con Dios". ¡No! Jesucristo hizo la paz. Cristo llevó todo tu pecado, y todo lo que puedes hacer es recibir el don de salvación. No lo puedes ganar. No hay nada que puedas hacer para hacerte más aceptable ante Dios de lo que Jesucristo hizo por ti. La única forma como puedes tener paz con Dios es siendo justificado por la fe.

Si estás tratando de ser justificado por tu propio esfuerzo y bondad, entonces ésa es la razón por la que no tienes paz.

La carga está en tus hombros, y por eso no tienes confianza, estabilidad, ni seguridad. Si yo pensara que tienes que ganar el favor de Dios, entonces la cosa más amorosa que podría hacer en el momento en que vuelves a nacer es matarte. A lo mejor iría al infierno por matarte, pero ésa sería la única manera de que alguna vez pudieras llegar al cielo. "Oh, yo sé que cometo errores. Pero entonces voy a Él y obtengo perdón". Bueno, si yo pensara que tienes que arrepentirte, orar, volver a nacer una y otra vez, y hacer que tus pecados sean perdonados cada vez que pecas, simplemente te mataría. De esa manera toda la carga de la salvación sería puesta nuevamente en Jesucristo y no en tu habilidad para reconocer y confesar cada pecado. Muchos de nosotros hacemos muchas cosas mal que ni siquiera reconocemos como pecado—pero otras personas sí y Dios claro que también (Stg.4:17). Si dependiera de ti el arrepentirte de cada pecado y ponerlo "bajo la sangre", no podrías vivir así. En ese caso, más te valdría esperar que alguien te matara tan pronto como eres vuelto a nacer, porque esa sería la única forma de que alguna vez pudieras conservar tu salvación.

CAPÍTULO 9

¿Pecaremos?

Por quien también tenemos entrada por la fe a esta gracia en la cual estamos firmes, y nos gloriamos en la esperanza de la gloria de Dios.

Romanos 5:2

Cuando vas al cine, pagas el precio de tu admisión y te permiten entrar. Este versículo dice que tú tienes acceso—admisión—a la gracia de Dios a través de la fe. La fe es lo que te da acceso a la gracia de Dios—no tu bondad, tus obras, ni tu desempeño. Dios te ama porque Él es amor, no porque seas adorable. ¡Ésa es una buena nueva!

¿Qué, pues, diremos? ¿Perseveraremos en el pecado para que la gracia abunde?

Romanos 6:1

Pablo había estado predicando sobre la gracia y enfatizando cómo Dios nos ama independientemente de nuestro comportamiento. Su amor no tiene nada que ver con nuestra bondad y valor, o si hemos hecho todo bien o no. Inmediatamente surgió esta pregunta: "¿Estás diciendo que deberíamos continuar en pecado para que la gracia abunde?"

En ninguna manera.

Romanos 6:2

Pablo se mantuvo inflexible diciendo: "¡No, eso no es lo que estoy diciendo!"

¿Alguna Vez Te Lo Has Preguntado?

Alguna vez te has preguntado si lo que tú estás escuchando, y que algunos nombran "el Evangelio", te hace formularte la siguiente pregunta: "¿Puedo simplemente irme a vivir en pecado porque todo mi pecado ha sido perdonado?" Si nunca te lo has preguntado, entonces no has escuchado el mismo Evangelio que el Apóstol Pablo predicó. Él tuvo que contestar esta pregunta muchas veces. Dos de ésas están aquí en Romanos 6 (vv. 1-2, 15).

¿Qué, pues, diremos? ¿Perseveraremos en el pecado para que la gracia abunde?

Romanos 6:1

¿Está alguien malinterpretando el mensaje que estás oyendo? Están haciendo la pregunta: "¿Estás diciendo que simplemente podemos vivir en pecado?" Si esta pregunta lógica no surge entonces no estás escuchando el mismo Evangelio que la iglesia primitiva del Nuevo Testamento escuchó. Ésa es la razón por la que no estamos obteniendo los mismos resultados que la iglesia primitiva del Nuevo Testamento obtuvo. Ésa es la razón por la que si hoy en día la mayoría de los Cristianos fueran arrestados por su fe, no habría suficientes pruebas para condenarlos. No hay nada de poder o victoria en sus vidas. Nadie podría ni siquiera darse cuenta de que son Cristianos.

¿Saben las gentes con las que trabajas que eres un creyente? ¿Hay algo diferente en ti? Si no, es porque no has comprendido el Evangelio totalmente. No has comprendido totalmente lo mucho que Dios te ama.

Dios Te Ama

¿Hay algo en tu vida que hayas hecho por lo que todavía te sientes avergonzado y no se lo has confesado a alguien? ¿Hasta estás tratando de esconderlo de Dios? La verdad es que Él ya lo sabe todo. Él ya arregló ese pecado y te ha perdonado. Jesucristo lo llevó en la cruz y sufrió la vergüenza por ti. Él te ama a pesar de lo que has hecho.

A pesar de lo mucho que has fallado en cualquier área de tu vida, Dios te ama. Y si verdaderamente pudieras entenderlo y recibirlo, habría un amor recíproco de tu parte hacia Él.

Nosotros le amamos a él, porque él nos amó primero.

1 Juan 4:19

Si entendieras lo mucho que Dios te ama, serías un fanático intransigente y vociferante. Podrías decirme: "Mira Andrew, ésa no es mi personalidad".

Yo soy muy tranquilo y callado. Muchas personas piensan que no estoy ungido cuando ministro porque no grito ni doy alaridos. Pero soy un fanático. Amo a Dios con todo mi corazón. Yo lo seguiría dondequiera y haría cualquier cosa que Él pidiera, porque tengo una revelación de Su amor por mí. No importa qué tipo de personalidad tienes o cuál es tu situación, si comprendieras el Evangelio, éste soltaría el poder de Dios en tu vida más de lo que alguna vez hubieras podido soñar. En vez de ser forzado a hacer algo por un sentimiento de obligación y de estar temeroso de que Dios se desilusione y enoje contigo si no lo haces, lo harías motivado por el amor. De hecho, lo harías mucho mejor, con más poder, y harías mucho más motivado por el amor que motivado por el temor.

Tienes que hacerle saber a la gente cuánto los ama Dios. Ellos servirían al Señor mucho más motivados por el amor de lo que alguna vez lo harían motivados por el temor. Sin embargo, es más fácil motivar a la gente—aun a la gente perdida—con el temor, el rechazo, y el castigo. Así que los predicadores toman la palabra y dicen: "¡Si tú no pagas tu diezmo, Dios te va a juzgar. Serás maldito con maldición!" Los no creyentes pueden relacionarse con eso. Pero tú debes tomar la palabra y decirles: "Eres libre. Dios te ama. Da como te propusiste en tu corazón, no con tristeza ni por necesidad, porque Dios ama al dador alegre" (2 Co. 9: 7). Las gentes que no están enamoradas de Dios darán menos porque no están bajo el temor de que van a ser castigadas ahora, pero las que aman a Dios con todo su corazón darán más cuando las motivas por el amor.

Calistenia Espiritual

"¡Pero el reino de Dios sufriría!" Desde nuestro punto de vista humano, las cosas físicas que monitoreamos y de las que llevamos estadísticas pueden no verse tan bien, pero el Señor no se impresiona con esas cosas. El Señor solamente se siente satisfecho con las personas que dan de corazón por el motivo correcto. Muchas personas están haciendo calistenia espiritual—dan en la ofrenda, van a la iglesia, leen la Biblia, y así sucesivamente—hacen todas las cosas correctas, pero por el motivo equivocado. Están tratando de ganar el favor de Dios y de hacerse aceptables delante de Él. ¡El Señor no se siente satisfecho con nada de eso! Eso es la madera, la paja, la hojarasca que será quemada cuando estemos enfrente de Él (1 Co. 3:11-15). Ninguna de estas obras religiosas va a resistir el fuego.

Algunas de estas iglesias tienen miles y miles de asistentes que no están realmente comprometidos con Dios. No hay paz, gozo o victoria en sus vidas. Simplemente están practicando calistenia espiritual. Eso no le agrada a Dios. Muchas gentes son muy religiosas pero están vacías. No tienen nada de paz o gozo en sus vidas. ¿Por qué? No han sido motivadas por el Evangelio. Están siendo motivadas por el temor y la condenación. Eso no es el Evangelio.

"Para Que Vivamos, Sobria, Justa Y Piadosamente"

Si nadie pregunta: "¿Puedo simplemente vivir en pecado porque Dios ya ha perdonado todos mis pecados?" entonces no han escuchado el Evangelio que Pablo predicó. La respuesta a esta pregunta es: "¡Por supuesto que no! En ninguna manera. ¡Vivir en pecado es tonto! Dios te ama tanto que todos tus pecados son perdonados. Su juicio no está viniendo sobre tu pecado. Satanás tomará ventaja de tu pecado, así que debes vivir una vida tan santa como te sea posible. Pero no es por el motivo de recibir la bendición de Dios, porque ya la recibiste (Ef.1:3). Estás tan agradecido que quieres vivir en una forma que glorifique a Dios. No quieres someterte a tu enemigo que ha venido a robar, a matar, y a destruir" (Jn.10:10).

Me da gusto que Dios me escogió para predicar el Evangelio porque he vivido una vida más santa de lo que tú ni siquiera has pensado alguna vez. Por lo tanto no me puedes ver y decir: "Bueno él está predicando esto porque le permite ir a cometer todos estos pecados". De acuerdo a los estándares religiosos, he vivido una vida super santa. No estoy predicando esto para poder gratificar mi carne o vivir en pecado. Si estuviera viviendo en pecado, la gente inmediatamente diría: "¡Bueno, con razón predica la gracia; es porque lo libera para vivir en pecado!" Pero eso no es lo que la Biblia dice.

Porque la gracia de Dios se ha manifestado para salvación a todos los hombres, enseñándonos que, renunciando a la impiedad y a los deseos mundanos, vivamos en este siglo sobria, justa y piadosamente.

Tito 2:11-12

Si verdaderamente entiendes la gracia de Dios, vivirás en mayor santidad sin proponértelo de lo que lo has hecho a propósito. Terminarás glorificando y sirviendo a Dios, pero lo harás con un corazón puro. Dios estará satisfecho, y Él aceptará las buenas obras que tú haces porque tus obras no están tratando de ganar nada. Son obras hechas simplemente por amor. El Señor estará satisfecho contigo y tú estarás satisfecho. Esto cambiará tu vida entera.

Éste es el Evangelio, y necesitamos proclamarlo. Necesitas compartir el Evangelio con tus amigos, compañeros del trabajo y con tu familia. El Evangelio desatará a la gente de la esclavitud religiosa y los liberará. ¡Gracias Jesucristo!

CAPÍTULO 10

Redención Eterna

Dios ha resuelto el asunto del pecado para siempre. La gente en realidad no se va al infierno por el pecado. Los pecados de todo el mundo ya han sido pagados.

> *Él* [Jesús] *es la propiciación* [el sacrificio de expiación] *por nuestros pecados; y no solamente por los nuestros, sino también por los de todo el mundo.*
>
> 1 Juan 2: 2

Los pecados de la gente perdida ya han sido pagados. Jesucristo llevó los pecados de todos—no sólo los pecados de aquellos que Él sabía que lo aceptarían. Los pecados de la gente que está rechazando y odiando al Señor ya han sido perdonados.

"¿Entonces cuál es la razón para ser salvo? ¿Estás diciendo que todo el mundo es salvo?" No, eso no es lo que estoy diciendo. Dios ha hecho el pago, pero tú debes recibirlo. Cada individuo debe apropiarse por fe de lo que Dios ya ha proveído por la gracia para que tenga efecto en su vida.

Por Gracia A Través De La Fe

Porque por gracia sois salvos por medio de la fe; y esto no de vosotros, pues es don de Dios.

Efesios 2:8

Eres salvo por gracia a través de la fe. No eres salvo solamente por la gracia. ¡Eres salvo por la gracia a través de la fe! La gracia es lo que Dios ha hecho por nosotros independientemente de nosotros. Es totalmente independiente de lo que merecemos. Por la gracia Dios ya ha pagado por los pecados de todo el mundo. Pero tienes que poner fe en la gracia de Dios para que te afecte. No todo el mundo ha respondido a la gracia de Dios.

> *Porque la gracia de Dios se ha manifestado para salvación a todos los hombres.*
>
> Tito 2:11

La gracia de Dios que trae la salvación ha venido a todas las personas. A Adolfo Hitler le fue ofrecida la gracia de Dios. Se le perdonaron sus pecados. Jesucristo pagó por cada uno de los pecados de Hitler. Pero por lo que sabemos, Adolfo Hitler nunca puso su fe en Cristo. Él consultaba a los astrólogos y hacía otras cosas parecidas. No hay ninguna evidencia de que Hitler alguna vez fue vuelto a nacer. Por lo que sabemos, él entró a la eternidad sin Dios. Puesto que él rechazó el pago por sus pecados, él será responsable por esos pecados. Pero no es porque el pago no se hubiera hecho. En Cristo, el pago fue hecho. Hitler simplemente no lo aceptó. Así que él tendrá que pagar por su pecado por su propia cuenta.

Dios pagó por los pecados de todo el mundo. Los pecados de cada persona ya han sido expiados. La gente no se va a ir al infierno por sus pecados individuales. Se van a ir al infierno porque rechazaron el pago por sus pecados. Y no es solamente los rebeldes y los que odian a Dios. Multitud de personas religiosas se van al infierno porque pensaron que por ir a la iglesia, pagar su diezmo, leer la Biblia, y tratar de ser buenos podrían pagar por sus pecados. Equivocadamente creyeron que Dios los aceptaría debido a algún mérito o valor propios. Eso no es aceptar el pago por sus pecados. Todavía están tratando de compensar sus propios pecados. Habrá mucha gente como ésa en el infierno.

¿Salvador o Comportamiento?

Supongamos que un Musulmán, un Budista, un Hindú, y un Cristiano comparecen delante de Dios. Él les pregunta: "¿Qué te hace merecedor para entrar al cielo?" El Musulmán contesta primero, y dice: "Oré cinco veces al día y di limosnas a los pobres. También peleé la yihad en contra de los infieles, haciéndome explotar y haciendo explotar a muchos de ellos— por Ti. Por lo tanto, tengo garantizado un lugar y un harén en el cielo". El Budista es el siguiente en contestar, y dice: "Me rasuré la cabeza, me vestí con una túnica, e hice voto de pobreza. Me negué a mí mismo todas las oportunidades que tuve". Después responde el Hindú, y dice: "Participé en todos los rituales del templo. Honré a mis ancestros porque nunca comí carne. Por lo tanto tengo derecho a una mejor reencarnación". Si el Cristiano contestara: "Fui a la iglesia, pagué mi diezmo, leí mi Biblia, ayuné, oré", y así sucesivamente, entonces no se diferenciaría en nada de los otros. Cualesquiera que hayan sido sus estándares, todas estas personas confiaron en sus propios actos de santidad. Cuando se les preguntó: "¿Qué te hace merecedor?" todos señalaron su propio comportamiento.

Sin embargo, un verdadero Cristiano contestaría: "No es nada de lo que yo hice. Mi fe está solamente en Cristo, y en Su sangre derramada en la cruz. ¡Él es mi salvador!" El Cristianismo es la única fe en el mundo que tiene un salvador. Cualquier otro sistema religioso hace que tú trates de ganar el favor de Dios a través de tus "buenas obras".

Es triste decirlo, pero hay grandes cantidades de personas de los así llamados "Cristianos" atrapados en nuestras iglesias hoy en día que están haciendo exactamente lo mismo que los Musulmanes, los Budistas, los Hindús, y otros. Están tratando de ser lo suficientemente buenos para que Dios los acepte. Piensan que tienen que leer la Biblia, orar, diezmar, y así sucesivamente, o Dios no contestará sus oraciones. Esto no es el verdadero Cristianismo.

Muchas otras personas verdaderamente han vuelto a nacer, pero Cristo no les aprovecha para nada en esta vida (Ga.5:2-4). Muchas veces la experiencia inicial del nuevo nacimiento se presenta como un asunto de gracia. Las personas se humillan a sí mismas y le piden a Dios que las salve, cuando todos los demás en el servicio de la iglesia cantan: "Tal como soy". Ellos responden a Su gracia con fe, y reciben al Señor. Pero luego caen en esta mentalidad que dice: "He sido salvo por la gracia, pero ahora que soy un Cristiano, necesito orar, ayunar, diezmar, estudiar, y asistir a la iglesia para que Dios me ame, me bendiga, me use, y conteste mis oraciones". A lo mejor están en camino al cielo, pero han vuelto a caer en la misma vieja mentalidad y patrón legalistas. El libro de Gálatas trata acerca de esto. Pablo dijo que si tú haces eso, entonces Cristo no te representa ningún beneficio (Gá.5:2).

Dudando De Su Disponibilidad

Amigo, te escribo esto con amor. No estoy tratando de regañarte. Estoy tratando de ayudarte a ver un área en la que Satanás ha estado engañándonos y atándonos a muchos de nosotros. ¿Has recibido a Jesucristo como tu Salvador? ¿Eres vuelto a nacer, pero en este momento Cristo no te está representando ningún beneficio? No puedes ser sano. No tienes gozo o paz. No tienes pasión por el reino de Dios, sino que en vez de eso estás plagado por el temor y la incredulidad. Si te arrestaran por ser Cristiano, no habría suficiente evidencia para declararte culpable. Hablando sinceramente hay muy poca diferencia entre las personas con las que trabajas y tú. De hecho muchas de las personas con las que trabajas se asombrarían al saber que eres Cristiano. Si esto te describe a ti, entonces Cristo no te está representando ningún beneficio.

Esto no es porque Jesucristo no tenga el poder, es porque hemos caído presas de la mentira de Satanás. Sabemos que Dios es poderoso, pero pensamos: "¿Cómo podría Él utilizar Su poder alguna vez a mi favor?" Esto es porque estamos de nuevo bajo una mentalidad de pecado, pensando que tenemos que ganar el favor de Dios. Sabemos que no estamos viviendo tan bien como deberíamos. Nuestro propio corazón nos condena. No dudamos de la capacidad de Dios. De lo que dudamos es de Su disponibilidad para usarla a nuestro favor porque sentimos que Él todavía está imputándonos el pecado.

Dios puso tu pecado sobre Jesucristo. El pecado no es un problema con Dios. Él está consciente de eso, y te dirá que dejes de hacerlo, pero no porque Él vaya a rechazarte. Él ya ha pagado por eso. Dios te ama, y sabe que Satanás te destruirá si escoges vivir en pecado.

> *El ladrón no viene sino para matar, hurtar, y destruir.*
>
> Juan 10:10

El Señor te dirá que dejes de cometer un pecado porque Él sabe que el diablo vendrá a estorbarte, lastimarte, y a sacar ventaja de ti de alguna manera. Dios no te imputa el pecado porque vaya a castigarte o a rechazarte. Dios no te condena por el pecado. Él ya ha puesto todo el castigo y rechazo que tu pecado merecía—y aun más—sobre Jesucristo. Dios no ignora el pecado en tu vida, pero eso no cambia Su actitud hacia ti. Él ha pagado por tu pecado—pasado, presente, y ¡hasta futuro!

Si Fallaste, Fallaste

Muchas gentes se salen de sus casillas con esto. Me critican diciendo, "Eres un hereje. ¿Cómo te atreves a decir esto?" Por la gracia de Dios, estoy dispuesto a declarar La Palabra y confrontar unas tradiciones religiosas que son muy estimadas.

Algunas gentes piensan que cada vez que pecas, cometes una nueva ofensa en contra de Dios y que tienes que confesar ese pecado, ponerlo bajo la sangre, y recibir perdón. Hay muchas variaciones de esto. Algunas personas creen que pierdes tu salvación cada vez que hay pecado sin confesar en tu vida. Si murieras sin que ese pecado fuera confesado, te irías directamente al infierno. No importa si has sido vuelto a nacer y has caminado con el Señor por más de veinte años. Simplemente pierdes todo si tienes pecado sin confesar en tu vida. Hay gentes que enseñan que si vas manejando por la carretera camino a tu casa después de haber cometido adulterio (o algún otro pecado), y tienes un accidente y mueres con ese pecado sin confesar, te irías directamente al infierno porque no te has arrepentido de ese pecado. Eso no es lo que Las Escrituras enseñan.

Ésta es la misma razón por la que muchos de nosotros no estamos experimentando más a Dios: es la razón por la que Cristo no nos representa beneficio alguno en nuestras vidas. Estamos limitando lo que Dios puede hacer porque lo hemos atado a nuestro mérito y valor. La verdad es que ninguno de nosotros merece la bendición de Dios. A lo mejor tú no cometes adulterio, o asesinato, o robo, pero no eres perfecto.

> *Porque cualquiera que guardare toda la ley, pero ofendiere en un punto, se hace culpable de todos.*
>
> Santiago 2:10

Nunca he dicho maldiciones, tomado un trago de licor, ni fumado un cigarro en toda mi vida. ¿Pero quién quiere ser el mejor pecador que alguna vez fue al infierno? Yo he pecado y estoy destituido de la gloria de Dios (Ro.3:23). He quebrantado el estándar de Dios. Si fallas en algo pequeño, fallaste en todo. Cuando alguien dice: "Bueno, yo no hago estas cosas malas", siempre les pregunto: "Entonces, ¿eres perfecto? ¿No tienes pecado en tu vida? ¿No hay nada malo?" Contestan: "Bueno, no. Tengo problemas. He pecado". Bueno, si fallaste, fallaste.

Todos Están Destituidos

Si Dios dijera: "Si puedes saltar y tocar este techo de 10m de altura, entonces puedes ser salvo", a lo mejor puedes saltar más alto que alguien más, pero nadie puede saltar tan alto. Si ese fuera el requisito mínimo, todos moriríamos.

Así funciona la ley. No le puedes decir a alguien: "No los he guardado todos, pero lo he hecho mejor que tú". No hay un infierno # 2 o infierno # 3. Si fallaste, fallaste.

Todos hemos pecado y estamos destituidos de la gloria de Dios (Ro.3:23). Que alguien diga: "No puedo creer que una persona puede cometer adulterio, tener un accidente y morir en el camino a su casa sin confesar ese pecado, y aun así poder irse al cielo. ¡No es posible que Dios pudiera aceptar a alguien que acaba de cometer adulterio!" Bueno, veamos: la misma Biblia que nos dice que no debemos cometer adulterio, es la misma Biblia que nos dice que debemos obedecer las leyes de la tierra (Ex.20:14; Ro.13:1-7). ¿Qué sucede si manejas a 60 km por hora en una zona de 55 km por hora? Violaste la ley. No estás haciendo lo que Dios te dijo que hicieras. "Pero Andrew, eso es diferente. Hay una enorme diferencia entre cometer adulterio y manejar 5 km por hora por encima del límite de velocidad". Bueno, hay una gran diferencia en relación a las personas y a las consecuencias en esta vida. Sin embargo, el mismo que dijo: "no cometerás adulterio", también dijo que no debes chismorrear (Lev.19:16).

La glotonería está enlistada en el mismo verso que la borrachera (Pr.23:20-21). El Señor dijo que si codicias en tu corazón, es como si hubieras actuado con codicia (Mt.5: 28). Si odias a alguien en tu corazón, es como si lo hubieras matado (1 Jn. 3: 15). Si estás a punto de decir: "No puedo creer que una persona con pecado en su vida sea aceptada por Dios", mejor olvídalo, porque todos nosotros hemos pecado y estamos destituidos de la gloria de Dios (Ro.3:23).

¡¡¡Una Vez!!!

Dios ha tratado con el problema del pecado.

> *Pero estando ya presente Cristo, sumo sacerdote de los bienes venideros, por el más amplio y más perfecto tabernáculo, no hecho de manos, es decir, no de esta creación, y no por sangre de machos cabríos ni de becerros, sino por su propia sangre, entró una vez para siempre en el Lugar Santísimo, habiendo obtenido eterna redención.*
>
> Hebreos 9:11-12

Jesucristo entró una vez—¡¡¡Una vez!!! Esto significa que Él no tiene que hacerlo vez tras vez. Cada vez que pecas, el Señor no tiene que esperar hasta que te arrepientas para poder poner ese pecado bajo la sangre. Cristo…

> *Entró una vez para siempre en el Lugar Santísimo, habiendo obtenido eterna redención.*
>
> Hebreos 9:12

Ésta no era una redención a corto plazo—vigente sólo hasta la próxima vez que peques (entonces tienes que arrepentirte, volver a aplicar la sangre, y ser redimido una vez más). Cristo entró una vez, y obtuvo redención eterna para nosotros. Muchos de ustedes esto los deja sin apoyo. Esto te sacude hasta el fundamento de todo lo que eres. Esto te sacude hasta el fundamento de todo lo que crees.

¿Caída?

La mayoría de los Cristianos piensan que cuando vienes al Señor, tus pecados son perdonados hasta cierto punto. Luego, cada vez que pecas después de que eres Cristiano, tienes que correr hacia el Señor con ese pecado, arrepentirte de eso, y confesarlo. Si no lo haces, entonces podrías morir e irte al infierno con un pecado que no ha sido confesado, o estás excluido de relación con el Señor. La religión llama a esto "caer de la fe". Dicen: "Necesitas arrepentirte de ese pecado para regresar a tu relación con el Señor".

También hay una versión más moderada de esta doctrina errónea. La gente dice: "No perderás tu salvación. Si murieras con un pecado sin confesar o cayeras de la fe, aun así te irías al cielo pero no puedes disfrutar de la presencia de Dios. El Señor no va a tener comunión con una vasija sucia. Él no puede llenar una vasija sucia. Él no puede contestar tus oraciones si tú tienes algún pecado en tu vida". Si eso fuera verdad, entonces Dios no tendría a nadie con quién relacionarse y Él no contestaría la oración de nadie porque todos tenemos cosas que están mal.

Antagónico

El pecado no es sólo lo que estás haciendo. También es lo que no estás haciendo.

Y al que sabe hacer lo bueno, y no lo hace, le es pecado.

Santiago 4:17

Por lo tanto, el pecado no es solamente violar un mandamiento al hacer algo. También es no hacer el bien que sabes debes hacer. De acuerdo a esta definición bíblica de pecado, si sabes que debes amar a alguien, si sabes que debes orar, si has sentido la exhortación de parte del Señor para amar a tu esposa como Cristo ama a la iglesia o de honrar a tu esposo de la misma forma como la iglesia debe honrar a Cristo, si se supone que debes hacer cualquiera de estas cosas y estás fallando—si estás respirando, estás fallando— entonces has pecado. Si fuera verdad que no puedes tener relación con Dios mientras haya pecado en tu vida, nadie podría tener nunca relación con Dios.

Hemos adoptado esta mentira de que cada vez que pecamos cometemos una nueva ofensa para Dios de la que tenemos que arrepentirnos, tenemos que confesarla, y ponerla bajo la sangre. Debido a esta mentalidad y al hecho de que sabemos en nuestro corazón que fallamos todo el tiempo, nos sentimos devaluados y carecemos de una confianza real de que Dios verdaderamente nos ama. Diremos que Él nos ama, pero luego inexplicablemente confesaremos: "Yo sé por qué Dios no me ha sanado de este cáncer. Él me está dejando sufrir. El Señor permitió este accidente automovilístico que mató a mis niños. Él es el que envió las tragedias como los ataques terroristas, los tsunamis, y los huracanes. Dios está enojado". Decimos: "Dios nos ama" por un lado, y "Dios nos está juzgando por nuestro pecado" por el otro. Estas posiciones son antagónicas.

¡Jesucristo obtuvo redención eterna!

CAPÍTULO 11

El Verdadero Pacto

> *Porque si la sangre de los toros y de los machos cabríos, y las cenizas de la becerra rociadas a los inmundos, santifican para la purificación de la carne.*
>
> Hebreos 9:13

El autor estaba escribiendo a los Hebreos—Cristianos Judíos. Éstos estaban conscientes de todos los pactos, leyes, y rituales pertenecientes al Antiguo Testamento. El autor dijo: "Si los sacrificios del Antiguo Testamento tuvieron algún beneficio, cuánto más el sacrificio del Señor Jesucristo. Todos esos sacrificios del Antiguo Testamento estaban señalando hacia el sacrificio que Jesucristo iba a hacer".

> *¿Cuánto más la sangre de Cristo, el cual mediante el Espíritu eterno se ofreció a sí mismo sin mancha a Dios, limpiará vuestras conciencias de obras muertas para que sirváis al Dios vivo?*
>
> Hebreos 9:14

El problema es que tenemos una conciencia que ha sido contaminada. No hemos purgado nuestra conciencia con la verdad de lo que Jesucristo ha hecho con nuestros pecados.

Satanás está sacando a relucir cosas que has hecho, diciendo: "¡Claro que Dios existe y Él tiene poder, pero Él no lo hará por ti, gusano!". Estamos permitiendo que la condenación del diablo destruya nuestra fe y confianza en Dios porque sabemos que no merecemos el sacrificio de Jesucristo. Hay Buenas Nuevas. ¡Es el Evangelio! No lo mereces, pero Dios no te está dando lo que mereces. Tú estás obteniendo lo que Dios merece. Tú puedes usar el nombre de Jesucristo, y Dios no está enojado contigo o imputándote tus pecados. Jesucristo entró en el Lugar Santísimo una vez y obtuvo para nosotros la redención eterna. Él pagó por todos tus pecados—pasados, presentes, y hasta los que aún no has cometido. Tus pecados han sido perdonados.

Herencia Eterna

"¿Pero cómo puede ser eso?" Continúa leyendo.

> *Así que, por eso es mediador de un nuevo pacto, para que interviniendo muerte para la remisión de las transgresiones que había bajo el primer pacto, los llamados reciban la promesa de la herencia eterna.*
>
> Hebreos 9:15

No sólo tienes una herencia. No eres simplemente un miembro de la familia hasta la próxima vez que peques—después la pierdes, o por lo menos pierdes todos los privilegios y Dios te pone en una lista de hijos que no pueden recibir nada. Él no dice: "Tú no tienes ninguno de los beneficios porque no has vivido correctamente". ¡No! Tú obtienes una "**herencia eterna**".

En el preciso momento en que fuiste vuelto a nacer, recibiste todo el perdón que puedes recibir. Cuando vayas a estar con el Señor en el cielo, no vas a ser más purificado. En tu espíritu vuelto a nacer, eres tan perfecto y santo como lo serás por siempre. Tienes un cuerpo y un alma que sí se contaminan por el pecado. Tu conciencia se contamina. Satanás viene y saca ventaja de ti. Por lo tanto, cuando vayas a estar con el Señor, recibirás un cuerpo y un alma glorificados. Pero ahora mismo—en este preciso momento—¡tu espíritu es tan renacido como siempre lo será! En tu espíritu vuelto a nacer eres tan limpio, santo, y puro como Jesucristo mismo (1 Juan 4:17).

Una Nueva Criatura

"¿Pero Andrew, cómo puede ser eso?" Te ves en el espejo y ves espinillas, hinchazones, arrugas, y cabellos canos—si es que te quedan. Ves esto y te preguntas: "¿Cómo puedo ser justo?" La Palabra no está hablando de tu cuerpo físico. Entonces buscas en el ámbito del alma y encuentras pensamientos, actitudes, y sentimientos que sabes que no son como deberían ser. Debido a esto, piensas: "No entiendo—¿cómo puedo ser justo?" Es tu espíritu—no tu alma— el que ha vuelto a nacer. Tu espíritu es la parte de ti que es creada en justicia y verdadera santidad. Sin embargo, no puedes ver a tu espíritu en un espejo o captarlo con tus sentidos. Tu espíritu solamente puede ser percibido a través de La Palabra de Dios.

Jesucristo dijo:

> *Las palabras que yo os he hablado son espíritu y son vida.*
>
> Juan 6:63

Si quieres saber cómo eres en tu espíritu vuelto a nacer, tienes que ver en La Palabra de Dios. Levántala como un espejo espiritual (Stg.1:23-25). Cuando alguien pregunta: "¿Cómo estás?", la mayoría de nosotros contestamos: "Oh, tengo este dolor por aquí y el Doctor dice que es esto y aquello". Tú describes tu cuerpo físico. O buscarás en tu alma y dirás: "Estoy desanimado" o algo similar. Pero ni tu cuerpo ni tu alma es el verdadero tú. El verdadero tú es la parte de ti que es vuelta a nacer—tu espíritu. Cuando alguien te pregunta cómo estás, deberías levantar La Palabra como un espejo, echar un vistazo y decir: "Estoy bendecido con toda bendición espiritual (Ef.1:3). Estoy por encima solamente, y no por debajo. Soy la cabeza y no la cola (Dt.28:13). ¡Estoy bendecido, bendecido, bendecido!" La mayoría de nosotros no nos conocemos en el espíritu. Sólo nos conocemos a nosotros mismos por el hombre exterior

De modo que si alguno está en Cristo, nueva criatura es; las cosas viejas pasaron; he aquí todas son hechas nuevas.

2 Corintios 5:17

La frase "las cosas viejas pasaron y todas se han hecho nuevas" no está hablando de tu cuerpo o de tu alma. Ésos no cambiaron en el instante en que volviste a nacer, pero tu espíritu sí. En tu espíritu, te hiciste tan justo, santo, y puro como Jesucristo es (Ef. 4:24; 1 Juan 4:17). Eres perdonado y purificado. Tienes una redención eterna y una herencia eterna (He.9:12-15). Jesucristo solamente nos purga una vez. Él no tiene que volver a purgarnos.

"¿Pero cómo puede Dios perdonar un pecado aun antes de que yo lo cometa?" No estoy seguro exactamente cómo sucede todo esto, pero Jesucristo murió por nuestros pecados una vez dos mil años atrás. Más te vale que Él pueda perdonar un pecado antes de que lo cometas porque Él no ha muerto por ninguno de tus pecados desde que tú los cometiste. Él se anticipó. Dios conoce el fin desde el principio. Él conocía los pecados de todo el mundo. Jesucristo tomó tus pecados y pagó por ellos antes de que tú los cometieras. ¡Ésas son buenas nuevas!

Figuras De Las Cosas Celestiales

Fue, pues, necesario que las figuras de las cosas celestiales fuesen purificadas así; pero las cosas celestiales mismas, con mejores sacrificios que estos.

Hebreos 9:23

El tabernáculo y el templo del Antiguo Testamento estaban llenos de estos símbolos de cosas reales en el cielo. Hay un asiento de misericordia y un altar de incienso reales en el cielo. Dios le indicó a Moisés que se asegurara que todo se hiciera de acuerdo al patrón que se le dio en el monte (Ex.25:40; He.8: 5). En realidad él vio dentro del cielo y vio el templo ahí. Todas estas cosas eran figuras de las cosas que existen en el ámbito espiritual. Cada una simbolizaba algo que Jesucristo iba a hacer. El velo del templo representaba el cuerpo físico de Jesucristo que separaba el Lugar Santísimo del Lugar Santo. Cuando Jesucristo murió…

El velo del templo se rasgó en dos, de arriba abajo.

Mateo 27:51

Esto simbolizó que la carne de Jesucristo fue quebrantada, y que el camino a Dios ahora está disponible a través de Él. Ellos repetían y repetían todos estos sacrificios y rituales del Antiguo Testamento porque la gente necesitaba que se le recordara una y otra vez. Pero el verdadero sacrificio que fue hecho por nuestros pecados no era algo que tenía que hacerse vez tras vez. Sólo fue hecho una vez.

Jesucristo murió por los pecados de todo el mundo una vez. Él trató con el problema de todos los pecados de todas las gentes por todo el tiempo. Tú no tienes que regresar al Señor cada vez que fallas ni sentir que tienes que trabajar para volver a obtener Su favor. Eso es de lo que esto está hablando.

Tipos, Sombras y Realidad

Porque no entró Cristo en el santuario hecho de mano, figura del verdadero, sino en el cielo mismo para presentarse ahora por nosotros ante Dios; y no para ofrecerse muchas veces, como entra el sumo sacerdote en el Lugar Santísimo cada año con sangre ajena. De otra manera le hubiera sido necesario padecer muchas veces desde el principio del mundo.

Hebreos 9:24- 26

El sumo sacerdote entraba al Lugar Santísimo cada año el día de expiación y hacía un sacrificio. También había sacrificios diarios, en la mañana y en la tarde; y también todos los sacrificios que la gente traía cada vez que alguien pecaba. Por lo tanto el fluir constante de sangre y los sacrificios ofrecidos en el Antiguo Testamento eran simplemente figuras. No eran la cosa real. El autor estaba contrastando la entrada continua del sacerdote con sacrificios, con Jesucristo que sólo entró una vez. Si Jesucristo lo hubiera hecho como se hacía en el Antiguo Testamento, Él se hubiera tenido que ofrecer muchas, muchas veces. Pero Él no lo hizo. Jesucristo sólo se ofreció por nuestros pecados una vez.

De otra manera le hubiera sido necesario padecer muchas veces desde el principio del mundo; pero ahora, en la consumación de los siglos, se presentó una vez para siempre por el sacrificio de sí mismo para quitar de en medio el pecado. Y de la manera que está establecido para los hombres que mueran una sola vez, y después de esto el juicio, así también Cristo fue ofrecido una sola vez para llevar los pecados de muchos; y aparecerá por segunda vez, sin relación con el pecado, para salvar a los que le esperan.

Hebreos 9:26- 28

Todo este pasaje está contrastando los sacrificios del Antiguo Testamento con el sacrificio de Cristo. En el Antiguo Testamento, los mismos sacrificios eran ofrecidos vez tras vez porque en realidad no podían dar resultado. Solamente eran tipos, sombras, e imágenes de la realidad por venir. Puesto que el sacrificio de Jesucristo era el pacto verdadero, sólo se tuvo que ofrecer una vez. Sin embargo, Él trató con todos los pecados de todas las gentes por todo el tiempo. Él entró una vez y obtuvo redención eterna para nosotros.

No Más Conciencia De Pecado

> *Porque la ley, teniendo la sombra de los bienes venideros, no la imagen misma de las cosas, nunca puede, por los mismos sacrificios que se ofrecen continuamente cada año, hacer perfectos a los que se acercan. De otra manera cesarían de ofrecerse.*
>
> Hebreos 10:1-2

Si los sacrificios del Antiguo Testamento hubieran podido funcionar, entonces hubieran dejado de ofrecerlos...

> *Pues los que tributan este culto, limpios una vez, no tendrían ya más conciencia de pecado.*
>
> Hebreos 10:2

Los sacrificios del Antiguo Testamento no funcionaban, por lo tanto había una conciencia de pecado y se ofrecían los mismos sacrificios vez tras vez. Pero el sacrificio del Nuevo Testamento de Jesucristo sí funcionó, y por lo tanto no deberíamos tener más conciencia de pecado. ¡Eso es radical! Esto es muy diferente de la forma de pensar de la mayoría de la gente.

Un Mundo Basado En El Desempeño

La mayoría de los Cristianos son conscientes del pecado. Nos lo han metido en la cabeza. La gente no te trata por gracia. No dicen: "Te voy a amar sin importar lo que hagas". No hay un ejemplo a seguir de esto. Tu jefe no te contrata por gracia y dice: "Quiero que sepas que el hecho de que te presentes a trabajar o no, o que hagas tu trabajo o no, como yo soy un hombre de gracia, no importa, tienes garantizados aumentos por la inflación, promociones, bonos de navidad", y así sucesivamente. Así no es como te contrata tu jefe. Como todo lo demás en el mundo, esto está basado en el comportamiento. Si tú no te comportas, entonces te regañan, te bajan de puesto, o te corren.

En el matrimonio, se supone que debemos amarnos incondicionalmente. Sin embargo, he tratado con cientos de gentes que han venido conmigo a pedir consejo. Siempre dicen: "Estoy enojada con él por esto".

Yo contesto: "Bueno, se supone que debes perdonarlo".

"¡Lo sé, pero él lo hizo!"

"¿Sabes qué es lo que estás diciendo? Le estás dando a esa persona lo que merece en vez de amarlo incondicionalmente". Hasta en el matrimonio tratamos a la gente con base en el comportamiento.

También tratamos a nuestros hijos de esta forma. Cuando hacen algo bueno, los felicitamos. Cuando hacen algo malo, los castigamos. Todo el mundo que nos rodea está basado en el desempeño.

Sin embargo, el Señor hizo un sacrificio y te perdonó. Tú no merecías ser perdonado. Dios simplemente te perdonó porque Él te ama y es un Dios bueno. Por lo tanto, no deberíamos tener una conciencia de pecado.

CAPÍTULO 12

El Espíritu Contra La Carne

La mayoría de nosotros simplemente estamos modelando nuestra relación con Dios según la manera en que nuestro padre o alguien más nos ha tratado. Pero Dios es más grande que cualquier persona con la que has tratado. Él ha perdonado todo tu pecado, por lo tanto no deberías tener más conciencia de pecado.

Sin embargo, el Cristiano común y corriente se acerca a Dios diciendo: "Oh, Señor. Vengo delante de Ti humildemente. Por favor perdóname de mis muchos pecados". Es como si creyéramos que si mencionamos todos nuestros pecados—y si los mencionamos rápido—entonces posiblemente Dios no los mencione. Pero si no lo hacemos, definitivamente Él los mencionará. Simplemente tenemos constantemente una conciencia de pecado.

¿Eres una persona que tiene que estar triste y que llora cada vez que viene delante del Señor? ¿Te sientes muy impío y le ruegas por misericordia? Aunque estés actuando impíamente en el ámbito natural, eres justo ante Sus ojos si verdaderamente has sido vuelto a nacer. Si te acercas a Dios diciendo: "Soy tan impío y no tengo valor. ¿Cómo me puedes amar?" entonces estás en la carne. No estás en el espíritu.

Tu espíritu vuelto a nacer no está contaminado ni es impío. Es justo, santo y puro. "Pero Andrew, tú no sabes lo que he estado haciendo". ¡Tú no sabes lo que Dios ha hecho!

Preservado Y Protegido

Una vez que creíste en Jesucristo, fuiste sellado con el Espíritu Santo.

> *En él también vosotros, habiendo oído la palabra de verdad, el evangelio de vuestra salvación, y habiendo creído en él, fuisteis sellados con el Espíritu Santo de la promesa.*
>
> Efesios 1:13

Tu espíritu vuelto a nacer—conocido también como "tu nuevo hombre"—fue creado en justicia y verdadera santidad.

> *Vestíos del nuevo hombre, creado según Dios en la justicia y santidad de la verdad.*
>
> Efesios 4:24

Como Jesucristo es, así se convirtió tu espíritu aquí mismo en este mundo.

> *Como él es, así somos nosotros en este mundo.*
>
> 1 Juan 4:17

Tu espíritu se hizo uno con el Señor.

> *Pero el que se une al Señor, un espíritu es con él.*
>
> 1 Corintios 6:17

Después, toda esta bondad fue inmediata y herméticamente sellada con el Espíritu Santo.

Habiendo creído en él, fuisteis sellados con el Espíritu Santo de la promesa.

Efesios 1:13

Cuando una mujer envasa alimentos, sella el envase con parafina. Esto forma un sello hermético que conserva y protege la comida contenida en el envase. Las impurezas del aire no pueden penetrar y hacer que la comida se pudra o se eche a perder. Así es como se usa esta palabra "sellados" en Efesios 1:13.

Cuando fuiste vuelto a nacer, tu espíritu fue inmediatamente encerrado—empacado al vacío—por el Espíritu Santo con el propósito de preservarlo. Cuando fallas en cualquier área de tu vida después de ser salvo, la podredumbre, la contaminación, y la profanación que vienen a tu cuerpo y a tu alma no penetran a tu espíritu. El sello del Espíritu Santo mantiene lo bueno dentro y lo malo fuera.

Dios no ve al pecado de la misma manera como la gente lo hace. Para Él, el pecado no es solamente hacer algo malo al violar un mandamiento. También es no hacer lo correcto que deberías haber hecho (Stg.4:17). Nadie ama a su pareja exactamente como Cristo amó a la iglesia. Nadie es tan apasionado para hablarle del Señor a otros como debería serlo. Ninguno de nosotros medita en las cosas de Dios tanto como podríamos. Por lo tanto, de acuerdo a la definición de Dios de pecado, todos fallamos constantemente.

Si no entiendes que el Espíritu Santo encerró a tu espíritu vuelto a nacer, tu conciencia tarde o temprano te dará la impresión de que tú has perdido la justicia y la verdadera santidad con la que tu espíritu fue creado. Tu conciencia, con su conocimiento del bien y el mal, constantemente le da testimonio a tu mente sobre tus pensamientos y acciones. Si no tienes cuidado permitirás que el conocimiento de tus fallas te afecte. Pensarás: "Bueno, cuando fui vuelto a nacer, Dios me permitió empezar de nuevo, pero he fallado desde entonces". Posiblemente confieses tus faltas, trates de hacerlo mejor, y regreses al lugar donde sientes que: "¡Ahora estoy de vuelta en el camino y todo está bien!". Pero no pasará mucho tiempo antes de que tu conciencia te muestre algo más. Si andas así de arriba para abajo día tras día, año tras año (que por cierto es algo que haces), después de un tiempo pensarás: ¿De qué sirve?

Nacido De Dios

Sin embargo, la verdad es que tu espíritu fue sellado. El pecado, y sus efectos, no pueden entrar a tu espíritu. Cuando pecas, tu espíritu no participa. Retiene su santidad y pureza originales—¡y lo hará por la eternidad!

> *Todo aquel que es nacido de Dios, no practica el pecado, porque la simiente de Dios permanece en él; y no puede pecar, porque es nacido de Dios.*
>
> 1 Juan 3:9

Esto significa que eres tan justo y santo ahora—en tu espíritu—como alguna vez lo serás. Sin embargo, muchas gentes batallan para entender 1 Juan 3: 9 porque el contexto de ésta claramente muestra que los Cristianos sí pecan.

> *Si decimos que no tenemos pecado, nos engañamos a nosotros mismos, y la verdad no está en nosotros.*
>
> 1 Juan 1:8

> *Si decimos que no hemos pecado, le hacemos a él mentiroso, y su palabra no está en nosotros.*
>
> 1 Juan 1:10

Hijitos míos, estas cosas os escribo para que no pequéis; y si alguno hubiere pecado, abogado tenemos para con el Padre, a Jesucristo el justo.

1 Juan 2:1

Estos son tres ejemplos de la misma carta donde el autor, el Apóstol Juan, habla sobre el pecar. Los primeros dos comunican: "Si dices que no has pecado, eres un mentiroso". Él añade: "te estoy escribiendo para que no peques (tiempo futuro). Pero si pecas..." Luego, en 3:9 él declara: "Si eres nacido de Dios, no puedes pecar". ¡Eso suena muy contradictorio!

Tanto Las Escrituras como la experiencia revelan que los Cristianos pueden pecar. El contexto de 1 de Juan muestra que el versículo 3:9 no está diciendo que es imposible para un Cristiano vuelto a nacer hacer algo que es pecado. Sin embargo, también dice claramente que si eres nacido de Dios, no puedes pecar. ¿Cómo puede ser esto?

¿Pecados Grandes Y Pequeños?

Algunas personas toman 1 Juan 3:9 como si significara que tú no puedes pecar "habitualmente". Varias traducciones de la Biblia incluso ahora lo traducen así. La gente que piensa de acuerdo a esta directriz predica: "Si eras un borracho antes de que fueras salvo, posiblemente te emborraches una o dos veces, pero si verdaderamente eres vuelto a nacer no vas a pecar habitualmente. Con el tiempo verás la victoria en esa área, o realmente no fuiste vuelto a nacer".

Para aceptar este punto de vista, tienes que clasificar al pecado—cosa que Dios no hace. Para Él no hay "pecados grandes" y "pecados pequeños". De acuerdo a Su definición, todos pecamos habitualmente. Todos nosotros habitualmente fallamos al estudiar La Palabra de Dios porque no la estudiamos tanto como deberíamos. Todos nosotros habitualmente fracasamos al tratar de amar a otros como deberíamos. Todos nosotros fracasamos habitualmente al tratar de ser tan considerados como deberíamos. Habitualmente caemos en el egocentrismo y habitualmente Dios tiene que tratar con nosotros al respecto.

Algunas veces, pasamos por alto cosas que Dios llama pecado. Por ejemplo, el Señor ve a la glotonería de igual forma que la borrachera, el adulterio y el asesinato (Dt. 21:20). La glotonería es un pecado que sólo puede suceder habitualmente. No puedes pasarte de peso simplemente por darte una gran comilona. Aunque te atiborraras, solamente subirías uno o dos kilos. Para poder subir unos 25 o 50 kilos, tendrías que hacerlo una y otra vez. Estar sobrepasado de peso es el resultado de un pecado habitual. Esto no tiene el objetivo de condenar a nadie, sino de poner las cosas en perspectiva.

Si interpretas 1 de Juan 3: 9 para darle el significado de que no puedes pecar habitualmente si verdaderamente eres nacido de Dios, entonces nadie cumpliría con los requisitos porque todos pecamos habitualmente. La única forma como esto se podría predicar sería diciendo: "Bueno, no puedes cometer habitualmente los pecados 'grandes', pero los 'pequeños' — sí, los puedes cometer habitualmente". Esto no es lo que este versículo dice.

Si tú entiendes el espíritu, el alma y el cuerpo, la interpretación correcta de 1 de Juan 3:9 es obvia. Tu espíritu es la única parte de ti que es nacida de Dios. Tu alma y tu cuerpo han sido comprados, pero todavía no han sido redimidos. Por lo tanto, tu espíritu no puede pecar aun cuando tu cuerpo y tu alma sí pueden. Esto significa que tu comportamiento no afecta la pureza y santidad de tu espíritu.

Esta verdad es crucial para tu relación con Dios. Si tú atas Su aceptación a tu desempeño, siempre te quedarás corto. A lo mejor actúas mejor que otras personas, pero tu propia conciencia te condenará. Eventualmente, te impedirá disfrutar el amor de Dios y Sus bendiciones porque sabes que has tratado y tratado, pero todavía tienes fallas después de todos estos años. Cuando tú entiendes el espíritu, el alma y el cuerpo, tú sabes que fue tu espíritu el que cambió. Creado en justicia y verdadera santidad, ha sido sellado por el Espíritu Santo para que ningún pecado pueda penetrarlo. La justicia con la que fuiste vuelto a nacer permanece sin contaminarse. Puesto que Dios es un espíritu, Él siempre trata contigo de Espíritu a espíritu. No importa cómo te estés comportando, siempre puedes acercarte a Él en tu espíritu vuelto a nacer. ¡Eso es maravilloso!

Acércate A Dios Con Confianza

Cuando tú pecas siendo Cristiano, eso afecta tu cuerpo físico, tu mente, y tus emociones; Satanás tiene una oportunidad en contra de tu ámbito físico y contra el ámbito del alma, pero tu espíritu renacido permanece sellado (Ro. 6:16). Puesto que tu espíritu fue creado en justicia y verdadera santidad—y el pecado no puede penetrar el sello del Espíritu Santo—tú no pierdes tu relación correcta con Dios. Tu espíritu es tan puro ahora mismo como lo fue en el instante que fuiste vuelto a nacer. Tu espíritu es tan justo en este momento como lo será por toda la eternidad.

Tú eres la justicia de Dios en Cristo (2 Co. 5:21). Eres justo en tu espíritu, y éste está sellado; nunca fluctúa. Dios es un espíritu, y Él se relaciona contigo de Espíritu a espíritu (Juan 4:24). Él te ve limpio, santo, y puro aunque no eres así en tu hombre físico. Dado que tú eres justo en tu espíritu vuelto a nacer, puedes acercarte a Dios con confianza aunque no has hecho todo lo que debías haber hecho en tus acciones físicas. ¡Ahora bien, éstas son buenas nuevas!

CAPÍTULO 13

Vuelto A Nacer Perfecto

Jesucristo hizo un pacto con nosotros. Él murió para poner Su testamento en vigor, y después resucitó para hacerlo cumplir —legalizarlo. ¡Ahora bien, eso es un buen trato!

> *En esa voluntad somos santificados mediante la ofrenda del cuerpo de Jesucristo hecha una vez para siempre.*
>
> Hebreos 10:10

La palabra dice que somos santificados—hechos santos—a través de la ofrenda del Señor Jesucristo una vez para siempre. Esta ofrenda no era solamente "una vez para toda la gente", sino además "una vez para todo el tiempo".

> *Y ciertamente todo sacerdote está día tras día ministrando y ofreciendo muchas veces los mismos sacrificios, que nunca pueden quitar los pecados; pero Cristo, habiendo ofrecido una vez para siempre un solo sacrificio por los pecados, se ha sentado a la diestra de Dios.*
>
> Hebreos 10:11, 12

Date cuenta del contraste entre la forma como se hacía en el Antiguo Testamento ("día tras día" y "muchas veces") y la forma como se hace en el Nuevo ("una vez para siempre, un solo sacrificio por los pecados"). ¡Jesucristo hizo un sacrificio por tus pecados para siempre!

Santificado

De ahí en adelante esperando hasta que sus enemigos sean puestos por estrado de sus pies; porque con una sola ofrenda hizo perfectos para siempre a los santificados.

Hebreos 10:13,14

De acuerdo al verso 10, tú fuiste santificado a través de la ofrenda del cuerpo de Jesucristo una vez para siempre. El verso 14 dice que si fuiste santificado, también has sido perfeccionado para siempre. Estos versos no están hablando de tu cuerpo o de tu alma. No vas a encontrar esta perfección ahí. Esto está hablando de la parte de ti que cambió totalmente en el instante que fuiste vuelto a nacer—tu espíritu.

Tu espíritu es idéntico al del Señor Jesucristo (1 Co. 6:17). No tiene pecado y está sellado (Ef.1:13; 4:24). Cuando pecas en tu cuerpo físico ese pecado abre una puerta para que Satanás venga en tu contra con enfermedad, pobreza, y así sucesivamente (Ro. 6:16). Cuando pecas con tu alma, él vendrá y contaminará tu forma de pensar. El pecado te convertirá en un retrasado mental espiritualmente por la forma en que afecta tu habilidad para pensar, pero no penetra a tu espíritu vuelto a nacer. Tu espíritu ha sido santificado y perfeccionado por siempre.

Sino que os habéis acercado al monte de Sion, a la ciudad del Dios vivo, Jerusalén la celestial, a la compañía de muchos millares de ángeles, a la congregación de los primogénitos que están inscritos en los cielos, a Dios el Juez de todos, a los espíritus de los justos hechos perfectos.

Hebreos 12:22- 23

Nuestro espíritu es la parte de nosotros que ha sido hecha perfecta. Hubiera sido maravilloso si Dios nos hubiera dado una mente perfecta que sabe todas las cosas, pero esto todavía está por venir (1 Co.13:9-12). Mientras tanto, estamos en el proceso de renovar nuestras mentes a la verdad de La Palabra de Dios. En tu espíritu eres santificado y perfeccionado para siempre. Dios te ha perdonado de todo el pecado. Él no está enojado contigo porque te ve de Espíritu a espíritu renacido (Ef. 2:10). Si tú has aceptado a Jesucristo como tu salvador, Él te ve a ti y dice: "Perfecto, santo, puro y justo".

El Espíritu De Cristo

Tienes todos los beneficios y privilegios que Jesucristo tiene. Esto es porque tu espíritu fue totalmente cambiado; no sólo se le sacudió el polvo o se le dio brillo.

Dios envió a vuestros corazones el Espíritu de su Hijo, el cual clama: ¡Abba, Padre!.

Gálatas 4:6

El espíritu de Cristo está en ti.

Y si alguno no tiene el Espíritu de Cristo, no es de él.

Romanos 8:9

Si dices: "No creo que tenga el Espíritu de Cristo", entonces necesitas ser vuelto a nacer. Si no tienes el Espíritu de Cristo entonces no eres de Él. Si eres vuelto a nacer, entonces tienes un espíritu vuelto a nacer que es idéntico a Jesucristo porque es Su espíritu dentro de ti. Tú tienes Su fe, Su conocimiento, Su poder, y Su victoria. Todo lo que es verdad de Jesucristo es verdad de tu espíritu vuelto a nacer, que ha sido sellado por el Espíritu Santo para que nunca lo pierdas.

Dios trata contigo con base en quién eres en el espíritu.

Poseído Por Dios

Pues tengo por cierto que las aflicciones del tiempo presente no son comparables con la gloria venidera que en nosotros ha de manifestarse.

Romanos 8:18

Date cuenta que esta cita bíblica no dice: "La gloria que *nos será* revelada". La mayoría de los Cristianos cantan: "Cuando todos vayamos al cielo, qué día tan maravilloso será". Piensan: "¡El cielo será tan maravilloso!" Y lo será porque recibiremos un cuerpo glorificado que no es propenso al deterioro, la enfermedad, o la muerte. También recibiremos un alma glorificada que ya no batallará con la duda o la incredulidad, sino que conoce todas las cosas. Sin embargo, La Palabra dice que no vale la pena comparar los sufrimientos de este mundo actual con la gloria que será revelada en nosotros—no a nosotros—¡sino en nosotros!

Cuando estemos en frente del Señor, de repente conoceremos todas las cosas (1Co.13:12). En un instante, el Señor corregirá nuestra teología y conoceremos todo acerca de Dios inclusive como somos conocidos por Él. Diremos: "¿Quieres decir, Dios mío, que había estado perdonado todo ese tiempo que anduve por ahí sintiéndome impío y sin valor? ¿Quieres decir que era justo y santo todo ese tiempo que andaba por ahí cabizbajo sintiéndome culpable y condenado? Pensaba que Tú no harías nada por mí porque no era lo suficientemente bueno y no había hecho esto y aquello". Vas a descubrir que tuviste la gloria de Dios dentro de ti. Descubrirás que eras tan justo, tan puro, y santo como Jesucristo mismo. El mismo poder que resucitó a Jesucristo de los muertos residía dentro de ti todo el tiempo (Ef.1:18-19). Sin embargo, nos pasamos el tiempo orando y pidiéndole a Dios que nos lo envíe, y creemos que hay demonios que evitan que nuestra oración llegue a Dios. ¡Eso es tonto!

"Pero Andrew, ¡eso es lo que le pasó a Daniel!" No, no es así. En primer lugar, fue la respuesta de Dios—no la oración de Daniel—la que fue estorbada (Da.10:11-14). En segundo lugar, Daniel no tenía al Señor viviendo dentro de Él como nosotros hoy en día. No me importa lo que el diablo ande haciendo por ahí—él no va a bloquear mi oración para que llegue a Dios. Ésa es la razón por la que agacho la cabeza cuando oro—Él vive dentro de mí. No necesito que mis oraciones se eleven hasta las nubes. En realidad, no necesito que pasen más allá de mi nariz. Él vive aquí mismo dentro de mí. ¡Estoy poseído por Dios!

Confía En El Espejo Espiritual

Para que la participación de tu fe sea eficaz en el conocimiento de todo el bien que está en vosotros por Cristo Jesús.

Filemón 1:6

Tienes que empezar a pensar de esta forma y a reconocer las buenas cosas que están en ti por Cristo.

El Cristiano común y corriente hoy cree que Dios puede hacer cualquier cosa, pero que no ha hecho nada. Están pidiendo: "Oh, Dios sáname. Tócame, y derrama Tu amor en mi vida". ¡Eso es un insulto para Dios! Él ya ha hecho todo lo que va a hacer para sanarte (1 P. 2:24). Él ya ha derramado Su amor (Ro.5:8). Cuando fuiste vuelto a nacer, Él puso a Su Hijo en tu interior.

Tienes el fruto del espíritu—amor, gozo, paz, paciencia, y más (Gá.5:22-23). Tu espíritu siempre se está gozando, siempre está sano, siempre está creyendo, siempre está lleno de esperanza, y siempre es exactamente como Jesucristo es. La única razón por la que no te beneficias de ello es porque tu mente se inclina más por lo que sientes en el mundo físico que por lo que ves en La Palabra de Dios. Confiamos más en lo que vemos en un espejo que en lo que vemos en el espejo espiritual. Estamos basando nuestra vida en cosas externas—cómo nos sentimos y cómo se ve la situación—en vez de basarla en la verdad de lo que dice La Palabra de Dios.

Mis estudios titulados ***Espíritu, Alma y Cuerpo*** y ***¡Ya Lo Tienes!*** tratan esto con más detalle. Éstas son verdades fundamentales de Su Palabra que Dios me ha mostrado. No puedo imaginarme cómo podría alguien vivir una vida Cristiana victoriosa sin comprender estas verdades básicas.

Educa A Tu Cerebro

En el espíritu has cambiado. Eres tan limpio y puro como lo serás. ¡Una tercera parte de tu salvación ya se consumó! Cuando llegues al cielo, a tu espíritu no se le va a quitar el polvo. No se le va a dar alguna inyección que lo ayude a desarrollar todo su potencial. Tu espíritu no crece ni madura. Ahora mismo, tu espíritu vuelto a nacer es tan completo, puro, santo y maduro como lo será. La madurez en la vida Cristiana no consiste en tratar de hacer que tu espíritu crezca. Consiste en educar tu mente para que conozca lo que ya tienes en tu espíritu. ¡Ya eres perfecto!

Dios te ama no por lo que haces, sino por lo que Él hizo. Así es como Él puede amarte aunque has fallado y todavía no eres —en el ámbito físico y del alma—lo que se supone que debes ser. Él te dio una redención eterna y una herencia eterna. Él te ha santificado y perfeccionado por siempre. Tu espíritu es perfecto. Ahora mismo puedes entrar en la presencia de Dios. Ahora mismo tienes los mismos derechos y privilegios que Jesucristo tiene porque el Espíritu del Señor Jesucristo vive dentro de ti. La única cosa que nos estorba para experimentar todo esto es que no sabemos lo que tenemos.

Hemos sucumbido a estos pensamientos que dicen: "Cada vez que pecas, Dios te da la espalda. El Señor está afligido y molesto por tu pecado". ¡No! Jesucristo pagó por todos tus pecados. Él anticipó todo lo que alguna vez has hecho—y lo que harás—y Él ya ha pagado por todo eso. Ahora bien, eso no es para motivarte a vivir en pecado. Si lo haces, Satanás sacará ventaja cada vez que peques. Dios ya ha perdonado tu pecado, pero Satanás entrará por esa puerta abierta hacia tu vida y te hará pagar por el pecado. El pecado te llevará más allá de donde quieres ir, te costará más de lo que quieres pagar, y te detendrá más tiempo del que quieres permanecer. No quieres vivir en pecado. Todos fallamos, pero el Señor nunca nos da la espalda.

Si tú piensas que Dios te da la espalda, que no va a contestar tu oración, que no te ama, que no está satisfecho contigo porque no has estado estudiando La Palabra tanto como lo hacías, Satanás va a tomar esa clase de pensamiento y lo va a usar para deprimirte y desanimarte. Él lo va a usar para evitar que confíes y creas en la presencia y el poder de Dios. Ésta es el área donde Satanás nos está derrotando. Todo se centra en el pecado.

La Única Incursión Del Diablo

El pecado es la única incursión que el diablo alguna vez ha tenido hacia nosotros. En realidad él no te está diciendo: "No, Dios no puede hacer eso. Él no puede hacer milagros". Él te está diciendo, "Seguro, Dios puede hacerlo. ¡Pero tú eres un pecador. Tú no lo mereces. Él no lo hará por ti!"

Tú probablemente tienes más fe en mis oraciones que en las tuyas porque me ves en la televisión o me escuchas en el radio. Por lo tanto, tú piensas: ¡Este varón sí sabe lo que hace! La verdad es que si me conocieras tan bien como te conoces a ti mismo, no tendrías más fe en mis oraciones que en las tuyas. "¡Necesito fe para creer que Dios va a contestar mis oraciones porque me conozco a mí mismo!" Aquí es donde estás equivocado. Tienes una mentalidad de pecado y todavía estás pensando: "Tengo que superar estas cosas antes de que el Señor conteste mi oración".

Una mujer me pidió que orara con ella porque era fumadora. Estaba tan avergonzada que estaba llorando. Le pregunté: "¿Sabías que no te vas al infierno porque fumes? Hueles como si hubieras estado ahí, pero no te vas ahí por eso. Dios no está enojado contigo porque fumas. No creo que fumar sea un buen ejemplo, y definitivamente no es bueno para tu salud. Si tú no puedes ser libre del hábito de fumar, es más difícil para ti el poder decirle a alguien que Dios lo puede liberar. Eso no está bien. No estoy abogando por fumar, pero Dios no está enojado contigo. Él no te odia si fumas. Eso no te va a enviar al infierno".

Recibí una verdadera educación la primera vez que salí de los Estados Unidos y fui a Europa. Crecí en una casa evangélica muy estricta. No fumábamos, no maldecíamos ni nos juntábamos con los que lo hacían. No cortábamos el pasto ni lavábamos los trastes en domingo. Observábamos el domingo como el día de reposo, y esas cosas eran consideradas como trabajo. Nos esforzábamos verdaderamente por vivir en santidad.

Mi primera visita a Austria verdaderamente puso a prueba mi mentalidad evangélica. Había cerca de doscientas personas sentadas alrededor de las mesas en una iglesia—¡Y les estaban sirviendo cerveza! Cada persona recibió un tarro lleno. A todos les sirvieron cerveza gratis durante todo el tiempo que hablé. Fue una de las pocas veces que a nadie le importó cuánto me tardé. Estas personas hubieran estado felices si me hubiera tardado toda la noche. Ahí estaba yo predicando de todo corazón, con mi pequeñita mentalidad evangélica, mientras estas personas estaban bebiendo y alabando a Dios.

Dios No Nos Está Condenando

Los Cristianos bebían cerveza en Austria, pero si tú tomabas café te ibas directamente al infierno. (Tiempo después un Austriaco me dijo que él nunca pensó eso, pero así era como pensaba ese grupo de personas con el que yo estuve). No podían creer que un Cristiano pudiera beber café. Sin embargo, después, cuando cruzamos la frontera hacia Hungría, ¡los Húngaros bebían tanto café como cerveza! Pero si fumabas un cigarro, te ibas directo al infierno.

A través de esto, empecé a darme cuenta de algunas cosas. Dios no trata a los Americanos de una forma diferente a la forma en que trata a los Austriacos o a los Húngaros. Después de pensar al respecto, me di cuenta que esto en parte es simplemente la interpretación del hombre. Sin embargo, no estoy diciendo que debemos beber o fumar.

> *Todas las cosas me son lícitas, mas no todas convienen* [sirven]*; todas las cosas me son lícitas, mas yo no me dejaré dominar de ninguna.*
>
> 1 Corintios 6:12

Estas cosas son dañinas para nuestra salud, y no son un buen testimonio. Pero nos hemos condenado cuando Dios no nos está condenando.

CAPÍTULO 14

Firme Y Seguro

Pues si nuestro corazón nos reprende, mayor que nuestro corazón es Dios, y él sabe todas las cosas.

1 Juan 3:20

Tú puedes sentirte condenado cuando Dios no es el que te está condenando. Muchos de nosotros decimos: "Dios me ha estado regañando por este pecado". No, eso simplemente es tu religión. La primera vez que falté a un servicio del miércoles en la noche fue por mi novia. Ella me invitó a su casa. Me sentí mal al respecto, pero de todas maneras fui. Cuando llegué, otras dos parejas ya estaban ahí—¡bailando! Ya era bastante malo faltar a la iglesia por primera vez en mi vida, pero por si fuera poco estaban ¡BAILANDO! Me sentí tan condenado que pensé que el Señor me iba a matar. Como era un muchacho de escuela secundaria, todavía no podía manejar, así que llamé a mi hermano mayor y le pedí que me recogiera. Llegué a la iglesia antes de que el servicio terminara— me puse de rodillas en el altar, rogando por perdón para que Dios no me matara porque había ido a un lugar donde había gente bailando. ¡Estuve contaminado por eso por semanas! Pero Dios no era el que me estaba condenando. Era mi propia mentalidad religiosa.

Muchos Cristianos ni siquiera pueden culpar al diablo por toda la condenación que sufren. Todo lo que él hizo fue enseñarles algo, y ellos han estado haciendo tan buen trabajo que él ha estado de vacaciones desde entonces. El diablo no tiene que condenarte. ¡Tú estás haciendo un trabajo estupendo destruyéndote a ti mismo!

Dios no está enojado contigo. Ni siquiera está de mal humor. Dios te ama. Él te ve a ti en el espíritu y dice: "Eres maravilloso". Dios ve tu potencial. Él ve Su propia gloria que ha depositado dentro de ti.

Oraciones Tontas

Si fuera posible que Dios se confundiera, creo que Él estaría confundido al escuchar muchas de nuestras oraciones tontas. "¡Oh Dios, no quites Tu Espíritu Santo de mí!". Dios piensa: "En alguna parte del Libro les prometí nunca dejarlos ni desampararlos". "Oh, Padre, por favor quédate con nosotros esta noche cuando nos reunamos" ¡Qué oración tan tonta! A la luz de la promesa mencionada— y de Mateo 18:20, ¿cómo podría Él contestar eso? "¡Oh Dios, ven a visitarnos!" ¿Es el Señor un visitante o un residente permanente? Los visitantes solamente vienen por un tiempo breve y después se supone que se deben ir. Si eres un visitante, te vas después de un día o una semana, pero no te quedas a vivir ahí. ¡Qué conceptos tan terribles! Dios está con nosotros todo el tiempo (Mt. 28:20). Él nunca nos deja ni nos desampara (He.13: 5).

Decimos oraciones tontas porque no entendemos que todas estas cosas ya fueron hechas. En tu espíritu ya tienes todo lo de Dios que puedes obtener. No necesitas que "Él estire Su mano y te toque". Él ya se colocó a Sí mismo dentro de ti. El mismo poder que resucitó a Cristo de los muertos habita dentro de ti (Ro. 8: 11; Ef. 1:19-20). No necesitas más de Dios. Simplemente necesitas descubrir lo que tienes. Después reconoce las cosas buenas de Jesucristo que hay en ti, y tu fe empezará a funcionar (Flm.1:6).

Dios ya ha hecho todo en la muerte, entierro, y resurrección del Señor Jesucristo. Tú ya tienes todo lo que estás buscando y por lo que estás orando. Ya sucedió. Le estás rogando: "Oh, por favor perdóname de este pecado", cuando la verdad es que Él ya te perdonó inclusive antes de que lo pidieras.

"¿Estás diciendo que no tengo que arrepentirme?" La palabra *arrepentirse* significa "voltearse e ir en la otra dirección". Sí, tienes que arrepentirte—voltearte e ir en la otra dirección—porque si persistes en el pecado, Satanás se va a comer tu almuerzo y no va a dejar ni las migajas. No necesitas darle al enemigo esa clase de incursión. Es tonto vivir en pecado. Por lo tanto sí, arrepiéntete y renuncia a eso, pero ¿con qué propósito? ¿Para qué Dios te acepte? ¿Para qué no te vayas al infierno porque pierdes tu salvación cada vez que pecas? No, si crees eso, ¿cómo crees que alguna vez vas a poder crecer y progresar? No pasas un día sin pecar en el sentido de que estás fallando en ser todo lo que deberías ser. ¿Cómo sería si un niño pequeño nunca creciera, sino que todos los días tuviera que volver a nacer y volver a nacer? Si ellos tuvieran que nacer todos los días y empezar de nuevo como infantes, no habría mucho progreso en la vida.

No tienes que ser vuelto a nacer y vuelto a nacer. No existe eso de ser vuelto a nacer otra vez. Tú no pierdes tu salvación cada vez que pecas. Dios no se cae de Su trono porque fallaste. Él sabía que iba a suceder, y ya ha tratado con eso.

"Todavía Te Amo"

Mi hermana es Cristiana. Ella ha visto gente resucitar de entre los muertos y ama a Dios con todo su corazón. Su hija era muy rebelde en su adolescencia; realmente sabía cómo sacarte de tus casillas. Una noche, mi hermana estaba preparándose para recibir a un invitado—un profesor de la universidad— que su esposo iba a traer a casa. Mi sobrina estaba en la cocina portándose groseramente y agitando a mi hermana. Mi hermana continuó ocupándose de las preparaciones. Finalmente mi sobrina dijo algo que fue la gota que derramó el vaso, y mi hermana reaccionó y le pegó. ¡La tiró de espaldas en la cocina! Mi hermana vuelta a nacer y llena del Espíritu, tan pronto como hizo eso, dejó de hacer lo que estaba haciendo, corrió por las escaleras, y se tiró en la cama diciendo: "Dios tienes que ayudarme. Si empiezo a llorar, no voy a salir de aquí hasta en la mañana. Necesito preparar la cena. Señor necesito una palabra. ¡Ayúdame!"

Dios le contestó y dijo: "Cuando tenías ocho años y me pediste que te diera salvación, supe que ibas a hacer esto. Ya lo he perdonado. Está bien, todavía te amo". Eso le permitió a mi hermana lidiar con la situación y no permitir que el pecado tuviera dominio sobre ella. Fue capaz de levantarse y bajar. Eso no hizo que dijera: "Bueno, he sido perdonada" y después simplemente empezar a golpear a su hija. Ella bajó, le pidió perdón a su hija, y continuó con los preparativos esa tarde. Mi hermana fue capaz de sobreponerse porque no sintió que era algo completamente nuevo que acababa de ofender al Señor y que Él tenía que ser apaciguado. Él ya lo sabía y la había perdonado.

Es totalmente innecesario que tú sufras por estas cosas que has hecho. No tienes qué sentir que no te puedes arrepentir de eso hasta que sufras por un tiempo y hagas penitencia, diciendo: "Dios no puede amarme. ¡Verdaderamente fallé esta vez!" Dios no lo ve de esa forma. Él ya pagó por tus pecados. Él fue satisfecho cuando vio a Jesucristo sufrir por tus pecados. Jesucristo pagó por todo lo que tú has hecho alguna vez. Dios el Padre castigó, abandonó y en realidad desató cólera y rechazo hacia Su Hijo por tu pecado. Él no te va a hacer pagar por lo que Su Hijo ya pagó. ¡No queda nada por pagar! No puedes añadirle nada a lo que Jesucristo ha hecho. No hay nada más que puedas hacer.

Entregarte a sentimientos de culpa no va a hacer que Dios te ame más.

Dios no te ama por tu bondad, sino por la bondad de Cristo y lo que Él hizo por ti. Necesitas cambiar la base de tu relación con Dios: en vez de basarte en tu propia bondad y comportamiento debes basarte en la fe en lo que Jesucristo hizo por ti. Cuando hagas eso, descubrirás que Jesucristo es el mismo ayer, hoy y siempre (Heb.13:8). Él nunca cambia. Por lo tanto, tu relación será firme y segura. No tendrás altibajos. No atravesarás un valle de lágrimas sintiendo que Dios te ha abandonado.

Resucitado De Entre Los Muertos

Desde que el Señor me mostró esto hace más de treinta y cinco años, no he estado deprimido ni una sola vez. Ahora bien, me han sucedido cosas deprimentes y he sido tentado a estar deprimido, pero yo sé que Dios me ama. En mi espíritu, hay amor, gozo, paz, paciencia, y todo el fruto del espíritu (Gá. 5:22-23). He sido capaz de rehusar y rechazar esas cosas deprimentes y vivir una vida feliz. Estoy firme y seguro.

Incluso cuando me dijeron que mi hijo había muerto, fui tentado a sentir lástima, miedo, dolor, y pena como cualquier otra persona lo haría. ¡Pero no me gusta eso! Simplemente decidí: "No voy a sufrir por esto. No voy a estar molesto. En vez de ceder al dolor, simplemente voy a empezar a alabar y a adorar a Dios". Tan pronto como lo hice, la fe surgió en mi interior. Le dije a mi esposa Jamie: "Fíjate. ¡Esto va a ser un milagro maravilloso!" Después de que nuestro hijo había estado muerto por casi cinco horas, Dios lo resucitó. Ya se había puesto negro, y tenía una etiqueta en el dedo pulgar del pie, y estaba en el congelador del hospital, pero ahora está vivo y bien, ¡Gloria a Dios!

Descubrí que soy una nueva persona en Cristo, y no voy a permitir que lo que siento en mi carne me domine. Las personas que están deprimidas y desanimadas son personas que están viviendo en la carne, viendo el ámbito natural, y no saben quiénes son en Cristo. Si tú sabes quién eres en Cristo y que tus pecados han sido perdonados, lo peor que podría suceder es que mueras y te vayas directamente a la presencia de Dios. Caminarás por calles de oro puro y heredarás la mansión en la que vivirás por el resto de la eternidad. Podrás conocer personalmente al que te ha amado y que ha muerto por ti. ¡Qué maravilloso! No tienes ninguna razón para estar deprimido. Si el doctor te dice que vas a morir, simplemente bésalo y dile: "¡Maravilloso! '¡Porque para mí el vivir es Cristo, y el morir es ganancia'!" (Fil.1:21).

"Bueno, esto es un buen mensaje para predicar. Pero ¡no se puede vivir de esa manera!" Yo lo hago, y tú también puedes. Dios es maravilloso. Él ha sido bueno con nosotros, y son solamente nuestras ataduras religiosas las que nos estorban para que podamos apreciarlo y recibirlo.

No Te Dejes Destruir

Mi pueblo fue destruido, porque le faltó conocimiento.

Oseas 4: 6

Toma estas verdades que estoy compartiendo y medita en ellas. Dios quiere usarlas en tu vida en una forma poderosa.

No tienes que andar de arriba a abajo. Si te apegaras a Jesucristo y empezaras a basar tu vida en lo que Él ha hecho y no le permitieras a Satanás que te vuelva a llevar al mismo pecado del que has sido redimido, nada—absolutamente nada—podría destruirte. ¡Tu fe se dispararía hasta las nubes!

CAPÍTULO 15

¿Qué Podemos Decir de 1 de Juan 1: 9?

A lo mejor te estás preguntando: "Si nuestro espíritu vuelto a nacer es santificado y perfeccionado por siempre (He.10:10,14; 12:23), entonces ¿ por qué confesar nuestros pecados? Si Dios es un espíritu y trata con nosotros con base en quién somos en el espíritu (Jn.4:24), entonces ¿qué podemos decir acerca de 1 de Juan 1: 9?"

> *Si confesamos nuestros pecados, él es fiel y justo para perdonar nuestros pecados, y limpiarnos de toda maldad.*
>
> 1 de Juan 1:9

Antes de que conteste esas preguntas, permíteme hacer algunas afirmaciones.

1 de Juan 1:9 es la única cita bíblica en el Nuevo Testamento que conozco donde se nos dice que si confesamos nuestros pecados Dios nos va a perdonar. Hay muchos versículos del Nuevo Testamento que hablan de que nuestros pecados son perdonados. Hemos visto muchos de esos versículos en este

libro. Pero ésta es la única cita bíblica del Nuevo Testamento que yo conozco que hace que el perdón de nuestros pecados por parte de Dios quede condicionado a que nosotros confesemos nuestros pecados. Eso es un tema muy importante.

En Mateo 18:16, Jesucristo se refirió a las citas bíblicas—Deuteronomio 17:6 y 19:15—que declaran que toda verdad debe establecerse con el testimonio de dos o tres testigos. Ésta debe ser la mínima cantidad de citas bíblicas para establecer cualquier punto de vista doctrinal. Y no obstante, la creencia de que si no confesamos nuestros pecados no serán perdonados, es una doctrina predominante en la iglesia que no tiene otras citas bíblicas del Nuevo Testamento que la confirmen.

La Sangre De Jesucristo

El concepto de que debemos pedir perdón por nuestros pecados antes de que el Señor pueda perdonarlos viene del Antiguo Testamento. Versículos como Levítico 26:40-42; 1 de Reyes 8:47; 2 de Crónicas 6:37-38; 7:14; Nehemías 1:6; 9:2 y muchas otras del Antiguo Testamento, hacen de esto una condición para recibir perdón. Cuando Juan el Bautista estuvo predicando en el desierto, él todavía era un predicador conforme al Antiguo Pacto (Lc.16:16). Él estaba anunciando la venida del reino de Dios, pero el nuevo nacimiento y todas las realidades "en Cristo" no ocurrieron sino hasta después de la resurrección de Jesucristo. Por lo tanto Juan predicó el bautismo de arrepentimiento ***para*** la remisión de pecados (Mr.1:4; Lc.3:3). Pero Jesucristo dijo:

> *Porque esto es mi sangre del nuevo pacto, que por muchos es derramada para la remisión de los pecados.*
>
> Mateo 26:28

En el Nuevo Pacto, la remisión de nuestros pecados viene a través de la fe en la sangre del sacrificio expiatorio de Jesucristo (Ro.3:25; Ef.1:7; Col. 1:14; He. 9:22). Ya no es el dejar de pecar lo que nos salva, sino el cambiar de dirección hacia Cristo y a la fe en lo que Él hizo por nosotros. En Hechos 16:30, el carcelero Filipense le preguntó a Pablo lo que necesitaba hacer para ser salvo. Pablo no le preguntó lo que había hecho para ver qué medidas necesitaba tomar. No importaba lo que él hubiera hecho. Todo había sido pagado (Jn.16:8-9; 1 Jn 2:2). Todos sus pecados—pasados, presentes, y hasta los futuros—ya habían sido perdonados. El asunto era simplemente si él aceptaría lo que Jesucristo ya había hecho por él. Entonces, Pablo contestó:

Cree en el Señor Jesucristo, y serás salvo, tú y tu casa.

Hechos 16:31

Fe En Cristo

En el Nuevo Pacto, confesamos nuestra fe en Cristo—no nuestros pecados—para recibir la salvación que Jesucristo ya ha proveído. Romanos 10:9-10 expresa claramente esta verdad, y dice:

Que si confesares con tu boca que Jesús es el Señor, y creyeres en tu corazón que Dios le levantó de los muertos, serás salvo. Porque con el corazón se cree para justicia, pero con la boca se confiesa para salvación.

No estoy diciendo que el arrepentimiento no es una doctrina del Nuevo Testamento. Hay muchas citas bíblicas del Nuevo Testamento que promueven el arrepentimiento (Hechos 20:21; 26:20; Ro. 2:4; 2 Co.7:10). Inclusive hay una cita bíblica que vincula el arrepentimiento a la remisión de pecados.

Y que se predicase en su nombre el arrepentimiento y el perdón de pecados en todas las naciones, comenzando desde Jerusalén.

Lucas 24:47

Pero hay una diferencia entre predicar arrepentimiento y fe hacia Dios (Hch.20:21; He.6:1) y predicar arrepentimiento para la remisión de los pecados, (que es lo que Juan el Bautista y los profetas del Antiguo Testamento predicaron).

Constantemente Limpiados

Permíteme hacerte esta pregunta. Si tú interpretas 1 de Juan 1: 9 en la forma en que es tradicionalmente interpretada, es decir, como si tuviéramos que confesar nuestros pecados para que se nos perdonaran, entonces ¿qué sucede si no los confesamos? ¿No son perdonados? ¿Y qué pasa con el Cristiano que ha hecho a Jesucristo su Señor y todavía no ha confesado todos sus pecados? ¿Puedes ver el problema que esto presenta? Por un lado, nadie sabe todos los pecados que ha cometido. Pecado no es sólo las cosas que hacemos mal, sino también nuestro fracaso en hacer lo que sabemos que deberíamos hacer bien (Stg.4:17). Y todo lo que no se hace en fe es pecado (Ro.14:23).

Constantemente quedamos por debajo del estándar de lo que Dios quiere que seamos. Eso es lo que los humanos caídos hacen; inclusive los humanos perdonados y salvos. Pero el mismo contexto de 1 de Juan 1: 9 lidia con este problema. Dice 1 de Juan 1:7:

Pero si andamos en luz, como él está en luz, tenemos comunión unos con otros, y la sangre de Jesucristo su Hijo nos limpia de todo pecado.

En el comentario sobre *Katarizo*—la palabra Griega traducida como “limpiar” en este verso—el estudio *Linguistic Key to the Greek New Testament,* de Fritz Rienecker, dice: "El verbo sugiere que Dios hace más que perdonar; Él borra la mancha de pecado y el tiempo presente muestra que es un proceso continuo (Scott)." Cuando caminamos en la luz de Dios que tenemos, la sangre de Jesucristo constantemente nos limpia de todos estos pecados de ignorancia y omisión. ¡Qué verdad tan maravillosa!

"¿Pero qué pasa con las cosas malas que hacemos y que sabemos que están mal? ¿No tenemos qué pedir perdón por ellas?" Sí, pero eso también tiene que aclararse. Nuestro espíritu es la parte de nosotros que fue vuelta a nacer (2 Co.5:17). En nuestro espíritu vuelto a nacer, no hay pecado (Ef 4:24). Somos tan justos, santos y puros como Jesucristo (1 Jn. 4:17; 1 Co. 6:17). Y una vez que recibimos ese espíritu puro vuelto a nacer, fuimos sellados con el Espíritu Santo para que ninguna impureza alcance a nuestro espíritu aun cuando pequemos (Ef. 1:13). En nuestro ámbito espiritual, hemos sido santificados y perfeccionados por siempre (He.10:10-14; 12:23). Puesto que Dios es un espíritu y debemos adorarlo a través de nuestro espíritu vuelto a nacer (Jn.4:24), nuestra relación y amistad con Él no están sujetas a nuestras acciones exteriores sino más bien al estado interno de nuestro corazón.

Sometido a Satanás

Sin embargo, toda acción consciente de pecado nos lleva a una posición de sometimiento a Satanás.

> *¿No sabéis que si os sometéis a alguien como esclavos para obedecerle, sois esclavos de aquel a quien obedecéis, sea del pecado para muerte, o sea de la obediencia para justicia?*
>
> Romanos 6:16

Cada vez que nos sometemos al pecado conscientemente,

nos estamos sometiendo a Satanás—el autor de ese pecado. Nos ponemos bajo su dominio. Eso no significa que perdemos nuestra salvación. Simplemente significa que hemos abierto una puerta hacia nuestras vidas que le permite al diablo hacer lo que quiere. Jesucristo dijo:

> *El ladrón no viene sino para hurtar y matar y destruir.*
>
> Juan 10:10

Satanás es el ladrón de ladrones y el padre del robo. Por lo tanto, cuando le damos lugar en nuestras vidas a través de rechazar conscientemente el consejo de Dios, podemos estar seguros que la destrucción del diablo ya está en camino. ¿Cómo tratamos con este problema? Eso es a lo que se refiere 1 Juan 1:9.

Cierra La Puerta

Primera de Juan 1:9 no tiene el propósito de limpiar nuestro espíritu. Tenemos redención eterna y una herencia eterna en nuestro espíritu vuelto a nacer (He. 9:12, 15). Sin embargo, nuestra alma y nuestro cuerpo no están sellados, y el pecado los expone al poder del diablo. ¿Cómo cambiamos eso? ¿Cómo cancelamos la pretensión legal de Satanás de infligir dolor en nuestras vidas cuando le hemos dado ese derecho? Confesamos esos pecados de los que estamos conscientes y el perdón que ya es una realidad en nuestro espíritu vuelto a nacer sale a nuestra carne y saca al enemigo. La ley del espíritu de vida, que está en Jesucristo, nos libera de la ley del pecado y de la muerte (Ro. 8:2).

Cuando me doy cuenta de que he pecado, me arrepiento inmediatamente, y le pido perdón al Señor. No pido perdón porque crea que ese pecado está interfiriendo entre El Señor y yo. Dios es un espíritu. Él me ve y trata conmigo con base en quién soy yo en Cristo. Su amor por mí no fluctúa con base en mi comportamiento. He sido eternamente redimido (He.9:12). Pero mi carne—cuerpo y alma— fue sometida a Satanás a través del pecado, por lo tanto yo confieso el pecado.

La palabra Griega traducida como "confesar" en 1 de Juan 1:9 es *Homologeo,* que literalmente significa, "decir la misma cosa". Cuando un Cristiano confiesa su pecado, simplemente está diciendo lo mismo que Dios dice—que ese pecado estaba mal; está regresando a un acuerdo con el Señor y alejándose de Satanás. Esto le cierra la puerta a Satanás y detiene su trabajo en la vida del Cristiano.

Por lo tanto, creo que es necesario que los Cristianos se arrepientan y pidan perdón por sus pecados. Pero **se debe** entender que esto solamente tiene un efecto en su relación con el diablo— no con Dios.

Perfecto En Cristo

Si hacemos que nuestra relación con el Señor dependa de nuestra confesión de cada pecado conocido, entonces habrá algunos pecados que no son confesados ni rechazados. Eso llevaría al síndrome de una relación y amistad quebrantadas que la religión predica constantemente. Esto podría ser precisamente lo que te ha puesto en la situación en la que estás. Tú sabes que Dios existe. No dudas de eso. Sabes que tiene el poder para actuar en tu vida. Tampoco dudas de eso. Simplemente dudas que Dios esté dispuesto a actuar en tu vida porque no te sientes merecedor. Tú crees que tus pecados te han separado de Dios (Is. 59:1-2). Eso no es verdad para el creyente del Nuevo Testamento (Ro.8:35-39). Todo lo que el pecado hace para el creyente es abrirle una puerta al diablo. Eso es suficientemente malo. De hecho, es terrible. Por lo tanto, hasta donde te sea posible ¡no peques! Pero cuando peques, reconoce que eso no te separa del amor de Dios. Él todavía te ve perfecto en Cristo, y todos tus derechos y privilegios aún están ahí. Sin embargo, has hecho tu vida miserable al invitar a Satanás a tus asuntos. Por lo tanto, sé rápido para arrepentirte, confiesa ese pecado, y saca el perdón—que ya está presente en tu espíritu— hacia tu carne para que el diablo no se salga con la suya.

¡Gloria a Dios por 1 de Juan 1:9, y las verdades que nos revela!

CAPÍTULO 16

La Verdadera Naturaleza De Dios

Cuando empecé a comprender la gracia de Dios, tuve muchas preguntas. Comprendí que Jesucristo había pagado por todos mis pecados y que Dios ya no estaba enojado conmigo. Recibí una revelación de la verdad de que Dios no estaba imputando a los hombres sus pecados y experimenté Su amor incondicional. Supe por experiencia que Dios me amaba en una forma totalmente independiente de mi comportamiento, una forma que no tenía nada que ver con quién era yo y sí todo con quién era Dios. Dios es un Dios misericordioso. Yo sabía eso, pero conforme estudié La Palabra, me topé con varias cosas que parecían contrarias.

Por ejemplo, cuando Ocozías se lastimó y envió mensajeros para preguntarle a Baal-zebub si viviría o moriría, Elías los interceptó y les dijo: "Dile al rey que de cierto morirá porque ha consultado a Baal-zebub en lugar de Dios". Entonces el rey se enojó con Elías y mandó a un capitán y cincuenta soldados para atraparlo.

> *Luego envió a él* [Elías] *un capitán de cincuenta con sus cincuenta, el cual subió a donde él estaba; y he*

aquí que él estaba sentado en la cumbre del monte. Y el capitán le dijo: Varón de Dios, el rey ha dicho que desciendas. Y Elías respondió y dijo al capitán de cincuenta: Si yo soy varón de Dios, descienda fuego del cielo, y consúmate con tus cincuenta. Y descendió fuego del cielo, que lo consumió a él y a sus cincuenta.

2 Reyes 1:9-10

Así que el rey mandó a otro capitán con sus cincuenta. Este capitán se dirigió a Elías y dijo:

Varón de Dios, el rey ha dicho así: Desciende pronto.

2 Reyes 1:11

Elías contestó lo mismo que la primera vez, y el fuego de Dios cayó y aniquiló otra vez a los cincuenta y un hombres (2 R. 1: 12). ¡Es decir 102 hombres muertos!

"¡Ten Misericordia De Mí!"

Finalmente, el tercer capitán que el rey mandó tuvo suficiente sentido común para ponerse de rodillas y decir: "¡Ten misericordia de mí y de mis hombres! ¡Simplemente estamos haciendo lo que el rey nos ordenó que hiciéramos!"

Entonces el Señor le dijo a Elías, "Ve con ellos y yo te protegeré". Él le habló al rey, y reiteró su mensaje previo, y todo estuvo bien.

¿Sabes qué? Elías no tenía que matar a esos 102 hombres. No tenía que manejar la situación de esa manera. Sin embargo, las gentes quieren imitar esta clase de cosas hoy en día. Dicen: "Tengo un llamado a ser profeta—un profeta del fuego del infierno y la condenación. Voy a hacer una advertencia como hizo Moisés cuando la tierra se abrió y se tragó 250 personas, y luego se volvió a cerrar" (Nm.16:28-33). Así es como la gente quiere ser hoy.

Hay algunas cosas en la Biblia que se ven contrarias a esta verdad de que la guerra ya terminó. Sin embargo, un estudio más profundo confirma que El Señor ahora está verdaderamente en paz con nosotros.

Cuando Jesucristo caminó con Sus discípulos para ir a Jerusalén, la gente de Samaria no lo quería recibir porque su aspecto era como de ir a Jerusalén (Lc.9:51-53). Los Judíos en Jerusalén odiaban a los Samaritanos porque eran una raza mixta y habían contaminado el verdadero culto a Dios. Los Samaritanos ya habían aceptado a Jesucristo con anterioridad. Toda la ciudad de Sicar había creído en Él por la mujer que estaba en el pozo (Jn.4). Sin embargo cuando los Samaritanos vieron al Señor dirigirse esta vez hacia Jerusalén a adorar con esos Judíos hipócritas, ni siquiera le permitieron entrar a su pueblo. Debido a dos de los más poderosos prejuicios que el hombre conoce— el racial y el religioso—ellos desairaron y rechazaron totalmente a Jesucristo.

La Diferencia

Cuando Santiago y Juan, también conocidos como "Hijos del trueno", vieron esto, querían ordenar que el fuego cayera del cielo (Lc.9:54). Dijeron: "¿Señor, quieres que mandemos que descienda fuego del cielo, como hizo Elías?" Deseaban imitar al famoso profeta del Antiguo Testamento. ¿Qué podría tener eso de malo? Pero Jesucristo se volteó y los reprendió diciendo:

> *Vosotros no sabéis de qué espíritu sois. Porque el Hijo del Hombre no ha venido para perder las almas de los hombres, sino para salvarlas.*
>
> Lucas 9:55- 56

Jesucristo reprendió a Sus discípulos por querer hacer lo mismo que Elías había hecho. Si Cristo hubiera estado en Su ministerio físicamente en los días de Elías, Él también lo hubiera reprendido por ordenar que el fuego descendiera del cielo. ¡Ésa nunca fue la mejor opción de Dios! No es una correcta representación de Él. Sin embargo, esto era apropiado bajo el Antiguo Pacto.

Hay una diferencia entre la forma como Dios trató con la humanidad bajo el Antiguo Pacto y la forma en que Él trata con nosotros ahora bajo el Nuevo. Si tú tratas de regresar y actuar como una persona del Viejo Pacto, y relacionarte con Dios como la gente del Antiguo Pacto lo hizo, entonces es lógico que sientas la ira de Dios. Tienes miedo de que Él te vaya a juzgar y que se vaya a separar de ti por el pecado que hay en tu vida. Ese tipo de cosas sucedían en el Antiguo Testamento.

¿Cómo armonizamos esto? ¿Es Dios esquizofrénico? ¿Hay un Dios del Antiguo Testamento que cambió de forma de pensar, se convirtió al Nuevo Testamento, y ahora es diferente? No, Dios es el mismo todo el tiempo (Mal.3:6; He.13:8). ¿Entonces cómo armonizamos el juicio que vemos en el Viejo Pacto con la misericordia que vemos en el Nuevo? Necesitamos comprender la verdadera naturaleza de Dios.

"Antes De La Ley"

Pues antes de la ley, había pecado en el mundo; pero donde no hay ley, no se inculpa de pecado.

Romanos 5:13

Romanos 5:13 es una cita bíblica crucial que me ha ayudado a entender toda la Biblia. Dice "antes de la ley". Eso fue durante el tiempo de Moisés. La ley fue dada 2,463 años después de la caída de Adán. Hasta entonces, Dios no imputaba el pecado a los hombres. Hasta el tiempo en que la ley se dio, el hombre pecó, pero Dios no le estaba tomando en cuenta sus pecados. ¡Ésta información es muy importante!

Esencialmente, nuestro sistema religioso nos ha enseñado que Dios es santo, severo, austero, que está enojado y que no puede tolerar el pecado. Es como si Él estuviera inclinándose sobre un barandal en el cielo con un rayo en su mano esperando a que alguien se porte mal y…¡BUM! Para muchas personas ésta es su impresión de Dios.

La religión nos ha enseñado que cuando Eva y Adán pecaron, Dios instantáneamente los sacó de Su presencia porque no podía soportar al hombre pecador. Nos dicen que la ira de Dios se descargó instantáneamente sobre la tierra. Eso no es lo que Romanos 5:13 dice.

Hasta el tiempo de Moisés, Dios no les estaba tomando en cuenta a los hombres sus pecados. Dios es un Dios misericordioso. Él no empezó inmediatamente a juzgar al hombre y a castigarlo por su pecado. En realidad, Dios estaba operando con misericordia hacia la humanidad en los primeros 2,500 años de existencia. Entonces la ley vino y estuvo en efecto por los siguientes 1,500 años hasta el tiempo en que Cristo vino.

Gracia Y Verdad

> *La ley y los profetas eran hasta Juan* [el Bautista]; *desde entonces el reino de Dios es anunciado, y todos se esfuerzan por entrar en él.*
>
> Lucas 16:16

La ley solamente era temporal hasta que Jesucristo vino a ponerle fin.

Pero antes que viniese la fe, estábamos confinados bajo la ley, encerrados para aquella fe que iba a ser revelada. De manera que la ley ha sido nuestro ayo, para llevarnos a Cristo, a fin de que fuésemos justificados por la fe. Pero venida la fe, ya no estamos bajo ayo, pues todos sois hijos de Dios por la fe en Cristo Jesús.

Gálatas 3:23- 26

Jesucristo estableció la gracia y la verdad.

Pues la ley por medio de Moisés fue dada, pero la gracia y la verdad vinieron por medio de Jesucristo.

Juan 1:17

De los casi 6,000 años desde la creación—2,500 desde la caída hasta Moisés; 1,500 de Moisés a Jesucristo; y 2,000 desde Cristo hasta ahora— menos de 2,000 de esos años estuvo la humanidad de hecho bajo la ley con el pecado imputado en contra de ella. En los primeros 2,500 años, Dios estaba tratando con misericordia a la gente antes de la ley. Desde el tiempo de Cristo, la ley ha dejado de ser la forma como Dios trata con la gente. Él no está imputando sus pecados a los hombres otra vez.

Sin embargo, la iglesia ha estado proclamando: "¡Dios te está imputando tu pecado!" Aunque hemos estado sin la ley por 2,000 años, la mayoría de la gente no lo sabe. La mayoría de los Cristianos todavía están viviendo bajo la ley.

"¿Expulsado?"

Pues antes de la ley, había pecado en el mundo; pero donde no hay ley, no se inculpa de pecado.

Romanos 5:13

Cuando Eva y Adán pecaron en contra de Dios y desobedecieron…

Dijo Jehová Dios: He aquí el hombre es como uno de nosotros, sabiendo el bien y el mal; ahora, pues, que no alargue su mano, y tome también del árbol de la vida, y coma, y viva para siempre. Y lo sacó Jehová del huerto del Edén, para que labrase la tierra de que fue tomado.

Génesis 3:22, 23

La razón por la que Dios envió a Eva y Adán fuera del jardín fue que Dios no quería que comieran del árbol de la vida y vivieran para siempre.

Estos versos no dicen que Dios "expulsó" a Eva y Adán fuera del jardín porque "Él era santo, y un Dios santo no puede tener comunión o amistad con el hombre pecador". Eso se ha predicado y proclamado por mucho tiempo. "Mientras haya pecado, impureza en nuestra vida, un Dios santo no se puede relacionar con nosotros". Eso no es lo que estos versículos dicen. El Señor hizo que Eva y Adán dejaran el jardín específicamente para que no comieran del árbol de la vida y vivieran para siempre.

La Amistad Continúa

Entonces en el siguiente capítulo—después de que dejaron el jardín del Edén—vemos a Dios todavía tratando y platicando con el hombre. Él todavía estaba hablando con ellos con una voz audible y manteniendo amistad con ellos.

Salió, pues, Caín de delante de Jehová, y habitó en tierra de Nod, al oriente de Edén.

Génesis 4:16

Caín dejó la presencia de Dios. Dios no apartó Su presencia del hombre. El hombre dejó la presencia de Dios. Nos alejamos de Él. Dios no nos sacó de Su presencia. Él no dejó de tener amistad con el hombre. Dios todavía estaba tratando con la humanidad con misericordia, sin imputarles sus pecados hasta el tiempo de la ley.

¿Por qué los envió Dios fuera del jardín del Edén? Para que ellos no comieran del árbol de la vida, y vivieran por siempre en un estado caído (Ge.3:22-23). Sería terrible vivir por siempre en un estado de pecado.

El Beneficio De La Muerte

No veo muchas películas, pero sí recuerdo una que tenía un tema similar. Una familia en particular bebió cierta agua que hizo que "vivieran para siempre". Ya habían vivido más de doscientos años y no podían morir. Incluso cuando les dispararon, ¡se levantaron otra vez! Un villano se había topado con ellos y con su secreto. Él les estaba siguiendo la pista para poder encontrar esta agua para poder beberla y vivir para siempre también. Si lo hubiera hecho, hubiera sido imposible deshacerse de él. A través de esta historia, el Señor me mostró algunas cosas.

Ya que vivimos en un mundo de pecado, la muerte en realidad es una bendición. Si la gente no pudiera morir, entonces todos los Hitler, Stalin, Idi Amin, y Pol Pot, de toda la raza humana todavía estarían vivos y vomitando su veneno. La muerte termina con mucha cosas.

¿Cómo sería vivir en un mundo caído y no poder morir? Podrías tener defectos de nacimiento, retraso mental, enfisema, y todo tipo de otras enfermedades y dolencias. Algunas personas estarían incapacitadas y limitadas a una silla de ruedas y nunca habría ningún escape de eso. Vivirías para siempre en este estado corrupto y pecaminoso. Vivirías por siempre en un lugar donde hay mentiras, trampas, robo, y cosas semejantes por todos lados todo el tiempo. A la luz de esto, la muerte realmente es un beneficio.

Dios sabía que el vivir para siempre en pecado no fue Su propósito para Su gente. Por lo tanto si conoces al Señor, la muerte es algo positivo. Somos introducidos a un reino diferente donde todo será perfecto. No más dolor, llanto, ni nada como esto. El Señor vio esto y no quería que la gente viviera por siempre en un estado de corrupción. Por lo tanto, la muerte en realidad es una bendición. Dios no quería que Eva y Adán comieran del árbol de la vida y que tuvieran la capacidad de vivir para siempre en un estado de corrupción y pecado. El amor—no el rechazo—motivó a Dios para enviar a Eva y Adán fuera del jardín.

CAPÍTULO 17

Actuando Con Misericordia

Dios no dejó de tener relación con Eva y Adán, o sus descendientes, después de que Él los envió fuera del jardín. Esto es evidente en Génesis 4.

> *Pasado un tiempo, Caín trajo del fruto de la tierra una ofrenda a Jehová. Y Abel trajo también de los primogénitos de sus ovejas, y de la grasa de ellas. Y miró Jehová con agrado a Abel y a su ofrenda.*

La mayoría de las personas leen esto y se pierden las verdades sutiles encerradas ahí. ¿Cómo sabían Caín y Abel que debían ofrecer sacrificios? ¿De dónde obtuvieron este conocimiento? ¿Era simplemente intuitivo? ¿Sabían estas cosas intuitivamente? ¿Nacieron con este conocimiento sobre el sacrificio? Aunque la Biblia no lo explica, un par de versos más adelante leemos que Dios les habló en una voz audible.

> *Entonces Jehová dijo a Caín: --¿Por qué te has enojado y por qué ha decaído tu semblante?*
>
> Génesis 4:6

No hay ninguna razón para creer que esto era diferente de lo que había sucedido con anterioridad en el jardín del Edén. Dios estaba tratando caminando y hablando con ellos. Había una voz audible. Esta sería la interpretación lógica debido al contexto que se encuentra antes y después de que los envió fuera del jardín. Dios todavía estaba hablando con estas personas; lo estaban escuchando. ¿Cuál era la diferencia entre estar en el jardín o fuera de él? Dios todavía estaba tratando y hablando con ellos.

¿Cómo supieron que Dios aceptó la ofrenda de Abel y rechazó la de Caín? Las Escrituras no lo dicen, pero tuvo que ser una manifestación visible o audible de Dios, algo que mostró aprobación o rechazo.

Continúan Los Paseos Y Las Pláticas

Algunas personas dicen que la razón por la que la ofrenda de Caín fue rechazada fue que no tenía sangre. Un sacrificio de sangre simboliza a Jesucristo, pero también había otras clases de sacrificios obligatorios. Lo que Caín hizo—ofrecer las primicias de su cosecha al Señor—fue ordenado casi 2,500 años después en la ley (Ex 22:29). Sin embargo, La Palabra establece claramente que en realidad lo que importaba no era la sustancia que estaba siendo sacrificada, sino el corazón de la persona que la ofrecía.

> *Por la fe Abel ofreció a Dios más excelente sacrificio que Caín.*
>
> Hebreos 11:4

La diferencia era la fe—o la falta de ella—en el corazón del que hacía la ofrenda. Puedo entender la lógica y el simbolismo del argumento del sacrificio de sangre, pero La Palabra no dice eso aquí. Además las ofrendas de los primeros frutos también fueron ordenadas por Dios más adelante (Ex 22:29). ¿De dónde obtuvieron este conocimiento sobre la necesidad de traer estos sacrificios? Me parece obvio que Dios todavía estaba tratando y hablando con los hombres. Dios todavía estaba teniendo amistad con el hombre, y no le estaba imputando sus pecados (Ro.5:13). Él enalteció la ofrenda de Abel, pero no la de Caín; y lo mostró de alguna forma visible o audible.

Pero no miró con agrado a Caín ni a su ofrenda, por lo cual Caín se enojó en gran manera y decayó su semblante.

Génesis 4:5

Una vez más, nada indica que tuvieran un espíritu que estuviera en comunión con Dios o que esto era simplemente intuición. Por el contexto, parece ser que Dios hablaba con una voz audible.

La Familiaridad Produce Desdén

¿Por qué te has enojado y por qué ha decaído tu semblante? Si hicieras lo bueno, ¿no serías enaltecido?; pero si no lo haces, el pecado está a la puerta, acechando. Con todo, tú lo dominarás.

Génesis 4:6-7

Dios le estaba hablando a Caín con una voz audible, de la misma forma que Él le hablaba a Eva y Adán en el capítulo anterior.

Caín dijo a su hermano Abel: "Salgamos al campo". Y aconteció que estando ellos en el campo, Caín se levantó contra su hermano Abel y lo mató. Entonces Jehová preguntó a Caín:--¿Dónde está Abel, tu hermano?

Génesis 4:8-9

El adolescente medio, para cuando se gradúa del bachillerato, ha visto más de 250,000 asesinatos brutales en la televisión y las películas. En aquel tiempo esto era totalmente diferente; no tenían televisión; nunca habían visto un solo asesinato de ninguna persona sobre la faz de la tierra. Ésta era la primera persona que alguna vez mató a otra. Y cuando él todavía tenía sangre en sus manos, Dios le habló con una voz audible desde el cielo, preguntando: "¿Dónde está tu hermano Abel?"

Si fueras el primer asesino sobre la faz de la tierra, acabaras de matar a tu propio hermano, y oyeras una voz audible del cielo preguntando: "¿Qué has hecho?" ¿Qué crees que te sucedería? No sería necesario preocuparse por arrestarte, porque probablemente te caerías muerto allí mismo. Pensarías: "¡Esto se acabó!"

Que Caín respondiera en la forma que lo hizo: poniendo sus manos atrás de su espalda y mintiendo a la voz audible de Dios, da mucho qué decir. Esencialmente Caín dijo: "No sé donde está" "¿Acaso soy el guarda de mi hermano?" Es obvio que Caín estaba acostumbrado a la voz de Dios. Él estaba acostumbrado a que Dios hablara con él. La familiaridad produce desdén.

Todo esto prueba que Dios todavía estaba tratando y hablando con el hombre. Todo este concepto de que cuando Eva y Adán pecaron, hubo inmediato rechazo de parte de Dios simplemente no es verdad. Dios estaba extendiendo misericordia hacia la humanidad. Él todavía estaba tratando con ellos con amor y compasión. Dios todavía estaba tratando y hablando con ellos.

Un Pacto Con Dios

Salió, pues, Caín de delante de Jehová, y habitó en tierra de Nod, al oriente de Edén.

Génesis 4:16

Caín fue el que dejó la presencia de Dios, no viceversa. No podía soportar estar en la presencia de un Dios santo porque su propia conciencia lo estaba condenando. Por lo tanto, él dejó la presencia de Dios. No puedes dejar algo que no tienes. La presencia de Dios tenía que haber estado con él. Dios estaba tratando con el hombre, siendo aún misericordioso con él y no imputándole su pecado durante esos primeros 2,500 años.

Abraham se casó con su media hermana. Ésta era una abominación ante los ojos de Dios (Lv.18:9). Bajo la ley, a los Israelitas se les había ordenado apedrear hasta morir a las personas que hicieran esto (Lv. 18: 29). Abraham estaba viviendo una inmoralidad sexual que era una abominación ante los ojos de Dios. ¿Cuándo crees que Dios decidió que estaba mal casarse con una media hermana? Aunque esto no se había comunicado hasta que la ley vino, Dios es el mismo ayer hoy y siempre (He. 13:8). Él nunca tuvo el propósito de que esta clase de cosas sucedieran. Abraham se casó con su media hermana, pero Dios en vez de castigarlo, lo trató con misericordia y lo hizo Su amigo (2 Cr. 20:7; Is: 41: 8; Stg. 2:23).

Después Abraham mintió dos veces (Ge. 12:10-20; 20:1-18). En dos ocasiones diferentes, Abraham le iba a permitir a otra persona cometer adulterio con su esposa para salvar su propio pellejo. De cualquier forma que lo analices, está mal. No es honesto. Si un hombre de otro país rico y poderoso se interesara por mi esposa y yo pensara: "Me va a matar para obtenerla". Y le dijera: "Nunca he visto a esta mujer en mi vida. Tómala", ¡sería un escándalo! Me criticarían —y con derecho—si hiciera eso. Estuvo mal de parte de Abraham; sin embargo Dios lo bendijo y reprendió al rey como si él fuera el que estuviera en el error. ¿Por qué? Porque Abraham tenía un pacto con Dios, y el rey no lo tenía.

Dios trata con la gente con base en pactos, no con base en quien está bien o quien está mal. Él protegió a Abraham.

"Mátenlo"

Entonces los nietos de Abraham aparecieron en la escena. Jacob se casó con dos hermanas—Lea y Raquel—cuando las dos estaban vivas. Eso es una abominación ante los ojos de Dios (Lv.18:18). Bajo la ley, se suponía que las personas deberían ser apedreadas por eso (Lv.18 29). Sin embargo, Jacob luchó con Dios y venció. Entonces el Señor le cambió su nombre de Jacob por Israel (Ge.32:24-28). Los hijos de Israel llevan su nombre en su honor. Y así podrías continuar.

El Señor estaba tratando con la gente con misericordia. Si la ley hubiera estado en vigor, la gente hubiera estado bajo la ira y el castigo de Dios. Antes de la ley, Dios trató con la gente con misericordia, no imputándole su pecado (Ro.5:13).

Cuando Caín mató a su hermano, le mintió a Dios al respecto y trató de ocultar su asesinato. No hubo ningún arrepentimiento de su parte; Caín lamentó el haber sido atrapado pero no que había matado a su hermano. Caín le dijo a Dios: "Tengo miedo de que la gente sepa esto y trate de matarme". Entonces Dios puso una marca en su frente y dijo: "Si alguien toca a Caín, lo vengaré siete veces" (Ge.4:15). Dios protegió al primer asesino sobre la faz de la tierra. En vez de juzgarlo y matarlo, Dios extendió Su misericordia.

Compara esto con el primer hombre que violó la ley (Nm.15: 32-36). Este hombre salió en el día de reposo para recoger leña. La primera persona que violó el mandamiento de Moisés fue un hombre que simplemente estaba juntando leña para poder hacer una hoguera y cocinar algo de comida. Lo encerraron hasta que pudieron escuchar lo que Dios quería hacer. El Señor apareció en la forma visible de una nube. Una voz audible habló y dijo: "Mátenlo. Sin misericordia".

Bajo la ley, a la primera persona que violó la ley se le dio muerte por recoger leña para hacer una hoguera. La primera persona que cometió una transgresión después de la caída de Eva y Adán, mató a su hermano, y El Señor le extendió misericordia. ¿Puedes ver la diferencia entre los tratos de Dios con la gente durante la ley, y antes y después? La ley no era lo que Dios deseaba en Su corazón.

Extirpando El Cáncer

Si Dios verdaderamente hubiera estado tan enojado como la gente lo ha representado, y como a veces la ley lo representa, entonces Dios simplemente habría empezado a juzgar a la gente. Le habría dado a Caín lo que merecía y lo habría matado. En cambio, vemos la misericordia extendida hacia la gente.

"¿Pero qué hay del diluvio y de la destrucción de Sodoma y Gomorra? Eso sucedió antes de la ley". En estos dos casos, Dios actuó con juicio hacia un segmento en particular de la raza humana con el objetivo de mostrar misericordia hacia la raza humana como un todo. Esto es como cuando una persona tiene una infección en su brazo o pierna. Esta infección está empezando a propagarse, y no puede ser detenida. Por lo tanto, lo único que se puede hacer es amputar la pierna o el brazo. Es una medida terrible para ese miembro en particular, pero preserva la vida del cuerpo como un todo.

A veces medidas drásticas son necesarias para el bien general.

Durante los días de Noé, Dios destruyó la tierra—excepto por ocho personas y un montón de animales—con el diluvio. En la época de Lot, Él destruyó las ciudades de Sodoma y Gomorra. Era como si hubiera un cáncer en la tierra. Estas gentes no podían ser purgadas y limpiadas de su pecado porque no podían ser vueltos a nacer (Jesucristo no había venido, no había muerto y todavía no había resucitado). Ellos eran muy demoniacos. Podría profundizar con más detalle sobre esto, pero la Biblia dice que apenas estamos empezando a regresar a un tiempo de maldad que se asemeja a la de esos tiempos.

> *Como fue en los días de Noé, así también será en los días del Hijo del Hombre...Así mismo como sucedió en los días de Lot...Así será el día en que el Hijo del Hombre se manifieste.*
>
> Lucas 17:26,28,30

Así que cuando veas la corrupción y el pecado de hoy, piensa que la situación no es tan mala ahora como lo fue en los días de Sodoma y Gomorra. El cáncer del pecado era tan malo en la tierra que si Dios no hubiera destruido a esas personas, no hubiera quedado ni una virgen para que Él cumpliera Su promesa. La tierra se estaba haciendo así de corrupta. Al actuar con misericordia hacia toda la humanidad como un todo, Dios extirpó el cáncer para que la corrupción no pudiera cundir y propagarse hasta contaminar a toda la raza humana.

"Dar De Nalgadas"

En resumidas cuentas, Dios no les estaba imputando a los hombres sus pecados (Ro.5:13). Él estaba extendiendo misericordia a la gente. Así que vemos a Dios extendiendo gracia y misericordia hacia la gente y tratando con la gente que estaba haciendo cosas que posteriormente resultaron estar totalmente en contra de Su voluntad. Sin embargo, Él usó y bendijo a estas personas.

Entonces la ley vino y empezó a imputarle a la gente su pecado. Sirvió como un…

Ayo para llevarnos a Cristo.

Gálatas 3:24

La ley nos confinó…

Para aquella fe que iba a ser revelada.

Gálatas 3:23

Pero ahora que Cristo ha venido, ya no estamos bajo este ayo (Gá. 3:25). La ley era solamente temporal. Cuando un niño sólo tiene un año de edad, tienes que explicarle lo que está bien y lo que está mal, y ayudarle a establecer patrones para escoger las cosas buenas y rechazar las malas. Sin embargo un niño de un año no tiene la capacidad para comprenderlo todo. Simplemente no puedes sentarte con un niño de un año de edad y explicarle las cosas. Sin embargo, debes hacer que te obedezca. Debes entrenar a un niño al punto de que te obedezca, no porque entienda lo que está sucediendo, sino básicamente porque tenía miedo. "Si lo vuelves a hacer te voy a dar una nalgada". No puedes simplemente sentarte con él y decirle: "Ahora bien, mira, si le quitas el juguete a tu hermano, le estás haciendo el juego al diablo. Satanás es egoísta y no comparte. El Señor dice: 'es más bendecido dar que recibir'. Por lo tanto te estás sometiendo al diablo y estás estableciendo un mal ejemplo para tu vida. Nunca tendrás amigos porque serás una persona egoísta. A la gente no le gustan las personas egoístas. No podrás conservar un trabajo porque si obtienes uno tu egoísmo se manifestará. Tu matrimonio fracasará si continúas en este egoísmo". Si tratas de explicarle eso a un niño de un año de edad, simplemente se te quedará viendo con una mirada de confusión. ¡Ellos no pueden comprender todo eso!

Pero tú puedes decir: "Agarra ese juguete una vez más y te voy a dar una nalgada". A lo mejor ni siquiera sabe que hay un Dios o un diablo, un cielo o un infierno, pero cuando siente ese deseo de agarrar el juguete, dirá: "no", porque sabe que lo castigarán por eso. Por lo tanto hasta que tenga la edad suficiente para comprender, en realidad puedes a través del temor, hacer que alguien haga lo correcto. Hay un cierto beneficio en eso.

Lo Bueno Y Lo Malo

Cuando nuestro hijo mayor tenía casi dos años, mi esposa y yo estábamos caminando por el campo por un camino sin pavimentar. Las hierbas tenían una altura de casi un metro o metro y medio. Él era un pequeñito, corriendo a unos 30 m por delante de nosotros. Estábamos caminando y platicando porque nadie viajaba por esta carretera. Pero había una intersección más adelante. Y aunque no era común, venía un carro por ese camino a unos 90 o 100 km por hora. El carro venía tan rápido que yo no hubiera podido correr lo suficientemente rápido para detener a mi hijo. Josué alcanzó la intersección en el preciso momento que el carro pasaba volando por ahí. Las hierbas eran altas y el conductor no lo podía ver. Estaban al borde de un accidente.

Pero le habíamos enseñado a obedecernos. Si él no lo hacía, recibía unas nalgadas. Entonces, grité: "¡Josué, detente!" ¡Zas! Se quedó congelado a medio paso mientras que ese carro pasaba como bólido como a un metro de distancia.

Muchas personas no disciplinan a sus hijos; piensan que deben razonar con ellos. Sólo están logrando que sus hijos sean susceptibles de tentación. Los niños tienen que aprender a hacer lo correcto antes de que puedan razonar.

> *Pero el hombre natural no percibe las cosas que son del Espíritu de Dios, porque para él son locura; y no las puede entender, porque se han de discernir espiritualmente.*
>
> I Corintios 2:14

Antes de que alguien sea vuelto a nacer, simplemente no tiene la capacidad de entender las cosas espirituales. Entonces, ¿cómo pudo Dios restringir la cantidad de pecado que se cometía? ¿Cómo pudo Él encaminarnos en la dirección correcta y a hacer lo correcto, aunque no teníamos la capacidad para entender lo espiritual antes de que fuéramos vueltos a nacer? Simple. Dios dijo, "Hazlo otra vez, y te mataré. Recoge leña en el día de reposo, y morirás. Haz esto, y te enfermarás de úlceras, tumores y comezón". La ley le enseñó a la gente el bien y el mal, pero su motivación para obedecer era el temor.

CAPÍTULO 18

Lo Viejo Contra Lo Nuevo

En el amor no hay temor, sino que el perfecto amor hecha fuera el temor; porque el temor lleva en sí castigo. De donde el que teme, no ha sido perfeccionado en el amor.

1 de Juan 4:18

En el Nuevo Pacto, se supone que no debemos servir a Dios por temor al castigo. Sin embargo, la mayoría de las personas no han entendido esto. Todavía están operando bajo el Antiguo Pacto de temor. Tienen miedo de que Dios esté enojado con ellos y de que les esté imputando su pecado. ¡Esto tiene que cambiar! Ésa era solamente una forma temporal como Dios trató con nosotros hasta que pudimos ser vueltos a nacer. Ahora que somos nuevas criaturas en Cristo, tenemos un conocimiento intuitivo. Dios está dentro de nosotros, informándonos sobre lo correcto y lo incorrecto, y guiándonos por el camino que debemos ir. Como Cristiano, tú no tienes que temer la ira y el juicio de Dios.

Yo crecí cerca de una calle muy transitada. Mi papá murió cuando yo era un niño, así que mi mamá me crió. Ella me había advertido que me daría una buena paliza si alguna vez cruzaba esa calle sin voltear en ambas direcciones. Recibí muchas palizas por eso. Por lo tanto aquí me tienen, de casi 60 años, y todavía volteo en ambas direcciones dos o tres veces cada vez que cruzo una calle. "¡Mira en ambas direcciones antes de que cruces la calle!", fue lo que me metieron en la cabeza. Ahora entiendo que no hago esto porque mi mamá me va a dar una paliza. He pasado esa etapa. Hago lo correcto, no porque me vaya a meter en problemas, sino porque no quiero ser atropellado por un automóvil.

¿Qué pensarías si estuviéramos platicando, me olvidara de lo que estaba haciendo, cruzáramos una calle, y luego me diera cuenta que no había volteado en ambas direcciones, y dijera: "¡Caray, no volteé en ambas direcciones. Por favor no le digas a mi mamá! Ella me daría una paliza"? Si respondiera de esa manera me verías y dirías: "¿Qué te pasa?" Mi mamá tiene noventa y cinco años ahora. No tengo temor de que me dé una paliza. Ahora hago lo correcto, pero por una motivación totalmente diferente.

Comparándose Unos Con Otros

No estoy diciendo que ya no hago lo que es correcto, sino que la ley del Antiguo Testamento estuvo vigente por un período de tiempo breve—hasta que la gente pudo volver a nacer—en el que Dios usó el temor, la ira, y el castigo para motivar a la gente. El efecto negativo del temor es el tormento (1 Jn.4:18). La mayoría de las personas son atormentadas. No son capaces de entrar a la relación íntima que Dios desea, lo cual es la razón por la que Él no empezó a imputarle a los hombres sus pecados desde el principio.

Si Dios simplemente hubiera querido imputarles a los hombres sus pecados, Él hubiera podido tener una conversación con Eva y Adán y decirles: "Muy bien, déjenme mostrarles lo que su transgresión ha hecho. Déjenme mostrarles lo que le va a suceder a la raza humana". Dios hubiera podido, simplemente en relación con el siglo XX, mostrarles las guerras mundiales, Hitler, Stalin, Pol Pot, y todas las personas que estas conflagraciones y estos personajes mataron.

Si Él simplemente le hubiera dicho a Adán el dolor emocional, la pena, la enfermedad, las dolencias, la tristeza, la amargura, y todas estas cosas que tus ancestros han experimentado, no creo que Adán hubiera podido cargar con esa culpa. Él no hubiera sido capaz de soportarlo. Dios hubiera podido mostrarle Su ira. Hubiera podido mostrarle lo malo que él era. Pero El Señor no le dijo: "No matarás, no cometerás adulterio", y así sucesivamente. ¿Por qué no les dio los diez mandamientos a Eva y Adán? Él estaba hablando con ellos con una voz audible. Él tuvo oportunidad de hacerlo. ¿Por qué se esperó otros 2,500 años? Porque la ley nunca fue lo mejor de parte de Dios.

Dios no quiere que conozcamos las profundidades de nuestro pecado. Dios no quería que Adán se sintiera tan mal que se alejara de Él. Dios le extendió misericordia a la gente por 2,500 años, pero la gente interpretó la falta de juicio como aceptación de parte de Dios. Después de que Caín se salió con la suya en relación al asesinato, su tata, tata, tataranieto Lamech mató a un hombre en defensa propia. Él dijo:

> *Si siete veces será vengado Caín, Lamec en verdad setenta veces siete lo será.*
>
> Génesis 4:24

En otras palabras: "Yo estoy más justificado por mi asesinato que Caín. Así que si Dios protegió a Caín, entonces Él tiene que darme mucha más protección". Empezaron a compararse entre ellos, y llegaron al punto donde no estaba mal asesinar a alguien (2 Co.10:12). No estaba mal cometer adulterio, inmoralidad sexual, o practicar la sodomía. Las personas estaban perdiendo su estándar de lo bueno y lo malo. Dios tuvo que hacer algo para imponer un estándar en la gente porque ya no sabían distinguir entre lo bueno y lo malo.

"Dios Me Aceptará"

La misma cosa ha estado sucediendo en nuestra sociedad. Hace cincuenta años, la homosexualidad estaba mal. Había pocas personas que la practicaban, pero inclusive ellos sabían que estaba mal y no se jactaban o presumían al respecto. No hacían desfiles ni se promovían a sí mismos como "gay". Nadie hubiera usado esa palabra para describirlos. Después, algunas estrellas del rock, un político, y una estrella del cine—con toda su fama y fortuna—"salieron del closet" como homosexuales, y de repente la gente se siente diferente al respecto. La gente ve a estas personas que son famosas, ricas, que aparecen en las portadas de las revistas, y que son respetadas, viviendo en este pecado, y no se sienten tan mal al respecto como lo hicieron alguna vez. Sin embargo la homosexualidad todavía es tan mala como siempre lo ha sido. La mayoría de las personas no tienen un estándar absoluto establecido en su corazón— la homosexualidad simplemente les parece algo relativo.

Los Cristianos tratan de estar un poco mas arriba del estándar en nuestra sociedad, pero no vivimos a la altura de lo que La Palabra dice como un todo. ¡Eso está mal! Deberíamos vivir a la altura de lo que La Palabra dice. Pero nos estamos comparando entre nosotros mismos. ¿Cómo rompió Dios con eso? Él estableció un estándar que le mostró al hombre la ira de Dios. Aquellos que anhelaban a Dios de repente se dieron cuenta que: "Si esto es lo que Él pide, ¡estoy en un gran problema!"

Hacer que guardes todo lo que está en la Ley no es uno de los principales propósitos de ésta. Si verdaderamente estudias la ley, verás que es muy detallada. Si hoy estás usando una prenda que está hecha en parte de lana y en parte de algodón, quebrantaste la ley (Lev.19:19). ¿Sabías que había preceptos en la ley que te decían cómo ir al baño? Es verdad. Hay una forma correcta y una incorrecta para ir al baño (Dt. 23:12-14). La ley tenía requisitos para todo.

Algunas personas dicen: "Creo que debes observar la ley". Se han acercado a mí y me han criticado diciendo: "Todavía creo que debemos observar los diez mandamientos". Todavía no he conocido a uno de los que me dicen eso que me pueda recitar todos los diez mandamientos. Y hay mucho más que simplemente los diez mandamientos. ¡Hay cientos de mandamientos para todo!

Algunas personas que han visto los versículos que hablan acerca de ser liberados de la ley del Antiguo Testamento, dicen que solamente la ley "ceremonial" ha expirado. Al usar el término *ceremonial* se refieren a los días de fiesta, los sacrificios, y demás. Sin embargo, 2 de Corintios 3: 7 habla de que la ley que fue escrita y grabada en piedras pereció. Eso se refiere a los diez mandamientos. Estos diez mandamientos todavía son justos y santos, pero Dios ya no se relaciona con nosotros con base en cómo los cumplimos. Por lo tanto, los versículos que hablan de que hemos sido liberados de la ley están hablando de toda la ley—los diez mandamientos y la ley ceremonial.

Una de las razones por las que Dios dio la ley fue porque las personas que habían estado comparándose unos con otros y pensando: "Soy muy buena persona. Sé, que no soy todo le que debería ser, pero relativamente soy una buena persona". Las personas que creen que Dios califica por promedios creen que Él tiene que aceptar a alguien. Como nadie es perfecto, en realidad no importa si tú eres perfecto. Simplemente se trata de cómo eres en relación a los demás. "Dios me aceptará si estoy en los promedios más altos". Así es como piensan muchas personas.

El Estándar

¿Sabes qué hizo Dios? Para aquellos que estaban pensando: "Bueno, soy muy bueno. Yo no fumo ni digo maldiciones, ni me junto con los que lo hacen. Por lo menos no soy como este publicano. Ayuno dos veces por semana" (Lc.18:11-12), Dios dijo: "¿Piensas que eres lo suficientemente bueno? Déjame mostrarte qué es la verdadera santidad". Entonces Él dio un estándar tan alto que nadie podría observarlo.

La ley en realidad no fue dada para que la observes. Ahora bien, hay beneficio al observarla lo mejor que puedas. Esto te quita a Satanás de tus espaldas. Pero nadie podría alguna vez observar la ley perfectamente—excepto Jesucristo. La ley fue dada para darte un estándar tan alto que te condenaría.

> *El poder del pecado,* [es] *la ley.*
>
> 1 Corintios 15:56

> *La letra* [de la ley] *mata.*
>
> 2 Corintios 3:6

La ley detiene tus excusas, te hace culpable, y enfoca tu atención en el pecado (Ro.3:19-20). También desata la ira y le da dominio al pecado sobre ti (Ro.4:15; 6:14).

> *Yo no conocí el pecado sino por la ley... porque sin la ley el pecado está muerto. Y yo sin la ley vivía en un tiempo; pero venido el mandamiento, el pecado revivió y yo morí.*
>
> Romanos 7:7- 9

La ley no fue algo que se dio para ayudarte. Fue dada para golpearte y herirte. Fue dada para quitar tu justicia propia, condenarte, y hacerte sentir sin valor. En esencia, fue dada para hacerte caer de bruces ante Dios diciendo: "Si esto es lo que exiges, mis posibilidades son nulas. ¡Ten misericordia de mí, un pecador!" El propósito de la ley era llevarte a la misericordia y a la gracia de Dios.

"¿Qué Te Hace Merecedor?"

Un hombre fue al cielo. Era un engreído porque había sido un buen hombre. Pedro lo encontró en la reja de perlas del cielo y preguntó: "¿Bueno, qué te hace merecedor de entrar?"

Él contestó: "Soy muy buena persona".

"Muy bien. Necesitas cien puntos para entrar al cielo. Dime lo que has hecho".

"Fui a la iglesia cada domingo. De hecho, me dieron un broche de reconocimiento porque nunca falté".

"¡Muy bien! Eso vale medio punto".

"¡Medio punto!"

"Sí, medio punto".

"Bien, le fui fiel a mi esposa. Nunca la engañé".

"¡Bien! Eso vale un punto".

Se empezó a desesperar: "¡Di diezmo a la iglesia toda mi vida, y también di ofrendas en algunas ocasiones!"

"Eso vale un punto".

Este hombre enumeró cuatro o cinco cosas diferentes, pero sólo había acumulado cinco puntos. Así que levantó las manos en desesperación y exclamó: "¡A este paso, no voy a poder entrar; sólo que sea por la gracia de Dios!"

"¡Lotería! Eso vale cien puntos. Entra".

Ése es el propósito de la ley. Ésta es para las personas que pensaban: "Soy muy bueno". Personas así no pueden ser salvas confiando en sí mismos y en su propia bondad. Dios tuvo que quitar esta justicia propia y hacer que reconocieran que tenían que confiar en Su misericordia y gracia, no en ellos mismos. ¿Cómo lo hizo? Él dio tal estándar —cosas de la número uno a la número diez mil que había que hacer— que el propósito era hacerte desesperar de la justicia propia y sacarte de la mentalidad de que podrías ser lo suficientemente bueno por tu propia cuenta. La ley nos hizo a todos culpables delante de Dios (Ro.3:23). La ley te calla la boca y revela lo lejos que estás del estándar.

La Palabra De Reconciliación

La religión ha cambiado la ley: en vez de ser algo que condena y mata es algo "positivo". "Dios nos amó tanto que nos dio los requisitos del primero al diez mil para mostrarnos exactamente qué debemos hacer para tener una relación correcta con Él". No. El propósito de la ley era matar (2 Co. 3:7). Fue dada para destruir. La ley fue dada para callarte—hacerte sentir sin esperanza y sin ayuda—para que clamaras a Dios por misericordia (Gá.3:23). Por desgracia, la mayor parte de la iglesia la ha aceptado y quiere promoverla. La ley fue dada para matarnos. Necesitamos dejar el yugo de la ley y empezar a relacionarnos con Dios con base en Su misericordia y gracia.

Así que, durante esos primeros 2,500 años, Dios trató a la humanidad con misericordia. Pero cuando la gente empezó a interpretar la carencia de Su juicio como aceptación de Su parte, Él tuvo que hacer algo. Habían perdido la capacidad de discernir entre lo bueno y lo malo porque se estaban comparando unos con otros. Estaban cayendo en la justicia propia, viviendo vidas impías, pero pensando: "Soy maravilloso aunque he hecho todas estas cosas". Dios tuvo que poner un fin a eso, por lo tanto dio la ley, empezó a juzgar los pecados de las personas, y empezó a castigarlos.

Eso puso miedo en las gentes. Limitó la cantidad de pecado que cometieron, pero ocasionó que el pecado que la gente cometió los destruyera (Pr.16:6). En vez de disfrutar una relación con Dios, las personas vivían bajo la condenación. Jesucristo vino a redimirnos de la ley y de la condenación, y nos ha restaurado a una relación correcta con el Padre. Ahora podemos simplemente amar a Dios—y Él no nos está imputando nuestros pecados.

> *Dios estaba en Cristo reconciliando consigo al mundo, no tomándoles en cuenta a los hombres sus pecados, y nos encargó a nosotros la palabra de la reconciliación. Así que, somos embajadores en nombre de Cristo, como si Dios rogase por medio de nosotros; os rogamos en nombre de Cristo: Reconciliaos con Dios.*
>
> 2 Corintios 5:19-20

El Señor nos ha dado el ministerio de decirle a la gente: "Dios no está enojado contigo. Ni siquiera está molesto. Él no te está imputando tus pecados". Es Su bondad la que nos guía al arrepentimiento (Ro.2:4).

Una Relación Basada En El Amor

Como creyentes, tenemos que tener suficiente discernimiento para conocer qué era la ley del Antiguo Testamento y por qué Dios la dio, y reconocer que bajo el Nuevo Testamento tenemos un mejor pacto. Ya no estamos bajo la ley del Antiguo Testamento. Estamos bajo la ley del amor hacia Dios y hacia las personas. Esos son los dos mandamientos que Jesucristo dio. Si tú amas a Dios con todo tu corazón, y amas a tu prójimo como a ti mismo, cumplirás con todos los preceptos y mandatos de la ley del Antiguo Testamento (Mt.22:37-39). De hecho, lo harás mejor que viviendo por el temor y tratando de pagarlo como si fuera una deuda y por obligación.

Cuando por primera vez vi la gracia y la misericordia de Dios en el Nuevo Testamento, y la ira de Dios en el Antiguo, no los pude reconciliar. Pensé: ¿Es Dios un esquizofrénico? ¿Ha cambiado? ¿Qué sucedió? Dios siempre ha sido el mismo. Él siempre nos ha amado porque Él es amor (1 Jn.4:8).

Mi esposa y yo tuvimos que corregir a nuestros hijos por un período de tiempo dándoles nalgadas. No lo hicimos porque los odiáramos; fue porque estábamos tratando de hacerlos actuar correctamente antes de que pudieran comprender por sí mismos. Sin embargo, simplemente era una forma temporal para tratar con ellos. Ahora que son adultos, tenemos que ponerlos en libertad y tratar con ellos de una forma diferente. El padre no cambia, pero el hijo sí. Por lo tanto, la forma como un padre trata a su hijo, cambia conforme éste crece. Pero siempre los hemos amado y hemos tenido su bienestar en cuenta.

Ahora que hemos vuelto a nacer, Dios no nos imputa nuestros pecados. Dios no va a "agarrarte". Él no te está castigando. Dios no es el que está causando problemas en tu vida. Ahora eres libre para relacionarte con Él con base en el amor. Tenemos un Nuevo Pacto—un mejor pacto. ¿No es eso una buena nueva?

A Través Del Cristal Del Nuevo Testamento

Cristo nos redimió de la ley. Hemos sido redimidos de la maldición de la ley (Gá.3:13). ¡Gracias, Jesucristo!

Aunque el énfasis de mi predicación es el amor y la gracia de

Dios, me paso la mayor parte del tiempo estudiando el Antiguo Testamento. Ahora que tengo esta revelación del Nuevo Pacto, puedo ver hacia atrás y ver de lo que he sido redimido. Puedo ver qué terrible era cuando Dios desató ira y castigo sobre la gente. Aunque yo merezco esas cosas, Dios está extendiendo Su gracia y misericordia hacia mí. Esto hace que lo ame y lo aprecie mucho más.

La mayoría de los Cristianos han estado viendo el Nuevo Testamento a través del cristal del Antiguo Testamento. Sin embargo, una vez que entiendes estas verdades, serás capaz de ver la totalidad de La Palabra de Dios con una perspectiva correcta. Empezarás a ver el Antiguo Pacto a través de la perspectiva del Nuevo Pacto.

Conforme ves de lo que hemos sido redimidos, el agradecimiento brotará en tu corazón hacia el Señor. Te verás a ti mismo diciendo: "¡Gracias Jesucristo, porque estamos viviendo en una época mejor!"

En el cuerpo de Cristo no hemos estado sacando ventaja de nuestro Nuevo Pacto. Hemos estado viviendo como personas del Antiguo Pacto. Hemos estado viviendo como si Jesucristo no hubiera venido y no nos hubiera liberado de esos rituales y obligaciones legalistas. Tenemos qué reconocer y recibir una revelación del Nuevo Pacto que hemos recibido. Tenemos qué adentrarnos en La Palabra de Dios para descubrir cuáles son nuestros beneficios y cómo podemos aprovecharlos totalmente.

CAPÍTULO 19

Dislexia Espiritual

Dios ya ha puesto todo nuestro pecado sobre Jesucristo. Cristo no sólo pagó por los pecados de los creyentes, sino también por los pecados de los no creyentes. Él pagó por todos los pecados—pasados, presentes, e inclusive futuros—de todo el mundo. ¡Los pecados ya han sido pagados!

Dios no está enojado. Él no nos está juzgando por nuestro pecado. Jesucristo atrajo todo el juicio hacia Él mismo en la cruz. En realidad, el trato que Dios está teniendo con las personas depende de si ellas han hecho o no a Jesucristo su Señor. Todo se resume en lo que hacemos con Jesucristo.

La gente se va al infierno pero no por sus pecados individuales, sino porque han rechazado a Jesucristo. Si tú has aceptado a Cristo, entonces tú tienes una relación con Dios. Todos los pecados—pasados, presentes, e inclusive futuros—han sido pagados. Tú no vas a hacer nada que sorprenda al Señor, o que no haya sido ya arreglado. No tienes que volver a "aplicar" la sangre cada vez que pecas. No tienes que confesar ese pecado y "otra vez ponerlo bajo la sangre", ni estarás fuera de comunión y relación con Dios hasta que lo hagas. Se han enseñado esas ideas, pero no son en absoluto lo que Las Escrituras revelan.

Comprender que Jesucristo ha sufrido por nosotros y que ha pagado por todo nuestro pecado, que no está enojado con nosotros y que nunca nos regañará otra vez, nos permite disfrutar el amor de Dios de una manera mucho más profunda. Cuando comprendemos lo mucho que el Señor nos ama, nuestra fe se dispara hasta las nubes porque la fe obra por el amor (Gá.5:6). Cada área de nuestra vida se ve afectada. Esencialmente, éste es el tema del libro de 1 de Juan.

Relación Con Dios

Lo que era desde el principio, lo que hemos oído, lo que hemos visto con nuestros ojos, lo que hemos contemplado, y palparon nuestras manos tocante al Verbo de vida (porque la vida fue manifestada, y la hemos visto, y testificamos, y os anunciamos la vida eterna, la cual estaba con el Padre, y se nos manifestó); lo que hemos visto y oído, eso os anunciamos, para que también vosotros tengáis comunión con nosotros; y nuestra comunión verdaderamente es con el Padre, y con su Hijo Jesucristo. Estas cosas os escribimos, para que vuestro gozo sea cumplido.

1 Juan 1:1-4

Juan decía: "Estamos escribiendo esto para que puedas recibir una revelación de Jesucristo. Entonces puedes tener comunión con el Padre y con nosotros. Estamos escribiendo esto para que puedas tener comunión con Dios". Esta relación íntima y cercana con Dios en realidad es la verdadera meta y el objetivo del Cristianismo.

Si verdaderamente comprendieras lo mucho que Dios te ama, eso simplemente incrementaría tu relación con Él. Entonces—

conforme Lo conoces más—Él te revelará cosas a ti. Todo en la vida Cristiana emana de esto.

Juan dijo: "Estoy escribiendo esto para que puedas tener una revelación más profunda de Dios, tener comunión con Él y que tu gozo sea completo". Tanto en el mundo como en la iglesia, las personas están tratando de encontrar gozo de cualquier forma fuera de la intimidad con Dios. Sin embargo, es a través de una relación vital, creciente, diaria con Dios que el gozo —y todo lo demás que necesitamos—se logra. Todo se reduce a nuestra relación con Dios.

Viendo Las Cosas Al Revés

Entonces Juan dijo unas cosas que parecen—en la superficie—contrarias a algunas de estas verdades que hemos enfatizado.

> *Y en esto sabemos que nosotros le conocemos, si guardamos sus mandamientos.*
>
> 1 de Juan 2:3

Hay un síntoma que existe en el cuerpo de Cristo y se llama *dislexia espiritual.* La dislexia hace que la gente vea las cosas al revés. Una persona con dislexia ve la palabra R-Í-O como O-Í-R. Hay una diferencia muy grande entre río y oír. Pero...

La dislexia espiritual es contagiosa. La puedes adquirir a través del contacto estrecho con la religión. Es sorprendente cómo la gente tergiversa este versículo en 1 de Juan y lo ve como un versículo que habla de obras.

> *En esto sabemos que nosotros le conocemos, si guardamos sus mandamientos.*
>
> 1 de Juan 2:3

La gente lee esto y piensa: "Quiero conocer a Dios, entonces ¿qué debo hacer? Tengo que guardar sus mandamientos. Así es como lo conoceré". Eso no es lo que este verso está diciendo; está diciendo precisamente lo contrario. No está diciendo que guardar los mandamientos de Dios hará que lo conozcas. Dice que si lo conoces, entonces guardas sus mandamientos. Si verdaderamente estás en comunión con Dios—amándolo y permitiendo que Su amor emane a través de ti—lo sabrás porque empezarás a amar a otros.

La Comunicación No Es El Problema

La mayoría de las conferencias para matrimonios de ahora tienen un enfoque equivocado. Enfatizan la comunicación, el compartir tus sentimientos, y así sucesivamente. Ahora bien, no me malinterpretes, la comunicación es importante. Si nunca hablas con tu pareja, eso definitivamente coartará tu relación. Necesitas hablar, pero eso simplemente está tratando un subproducto del verdadero problema. La comunicación no es en sí misma el problema.

La gente va a estas conferencias para matrimonios y aprenden a comunicarse. Les dicen: " Ventílalo, no te guardes nada, habla las cosas y sácalo". Hasta se les instruye sobre cómo escribir notas y cartas, pero el único resultado es que ahora son más eficaces para comunicar su cólera y odio. Muchas personas que han asistido a mis conferencias para matrimonios me han dicho: "¡La comunicación casi acabó con mi matrimonio!"

La comunicación no es el problema, sólo es un síntoma del problema. El verdadero problema es que la gente en primer lugar no ha recibido el amor de Dios para ellos mismos. Ellos no conocen el amor incondicional. Piensan que Dios simplemente les está dando lo que merecen, y que cada vez que fallan Él los rechaza.

Por lo tanto, la gente tiende a actuar de una manera sorprendente y a dar a otros —especialmente a su cónyuge—lo que tienen.

No puedes dar lo que no tienes. No puedes amar a otros incondicionalmente si en primer lugar tú no has recibido el amor incondicional de Dios. Si alguna vez experimentas el amor incondicional de Dios—que no se basa en tu comportamiento— serás capaz de amar a tu cónyuge incondicionalmente. Si alguna vez recibes una verdadera revelación de la clase de amor de Dios, eso te capacitará para amar a tu cónyuge de la misma forma. Y cuando ames a tu cónyuge incondicionalmente, terminarás comunicándoselo. Cuando verdaderamente amas a alguien, se lo comunicas. ¡Así de simple!

Sin embargo estamos enseñando técnicas de comunicación en vez de ir a la raíz del problema. Hay un lugar para estas cosas, pero no son la raíz del problema.

¿Puedes Ver La Diferencia?

Esto es lo que 1 de Juan 2:3 está diciendo. Si quieres saber la respuesta a las siguientes preguntas: "¿Verdaderamente amo a Dios? ¿Verdaderamente tengo su amor en mí?" Tienes que inspeccionar el fruto. El amor de Dios en ti hará que vivas correctamente y que trates bien a otras personas.

Pero para las personas que padecen dislexia espiritual, la religión ha venido y ha hecho que piensen: "Bueno, quiero conocer a Dios, así que voy a tratar de guardar sus mandamientos". Tratan de hacer todo lo correcto, pensando que el hacerlo así les hará amar a Dios. Pero en realidad no es así. Si no estás amando a Dios, no necesitas empezar a tratar de amar más a Dios y a la gente. En vez de eso, necesitas decir: "Dios, es evidente que en realidad yo no conozco tu amor por mí. Si verdaderamente comprendiera cuánto me amas, no trataría a la gente así. Si yo estuviera en una relación estrecha contigo, no haría estas cosas. Señor, perdóname por no conocerte. Por favor, revélate. Ayúdame a comprender, conocer, y experimentar Tu amor incondicional". Si alguna vez te llenas del amor de Dios, te garantizo que tratarás mejor a la gente. Si no estás guardando los mandamientos—amar a los otros—es porque no conoces a Dios.

> *El que dice: Yo le conozco, y no guarda sus mandamientos, el tal es mentiroso, y la verdad no está en él.*
>
> 1 de Juan 2: 4

La gente dice: "No quiero ser un mentiroso—quiero ser honesto—entonces ¿qué debo hacer? Tengo que guardar los mandamientos". No, eso no es lo que esto está diciendo. Esto está diciendo que si tú profesas conocer a Dios, pero esto no se está manifestando a través de tus acciones hacia las otras personas, entonces te estás engañando a ti mismo. ¿Por qué? Porque conocer a Dios—tener una relación íntima con Él—hará que ames a otras personas. ¿Puedes ver la diferencia?

Imagen En Tercera Dimensión

> *Pero el que guarda su palabra, en éste verdaderamente el amor de Dios se ha perfeccionado; por esto sabemos que estamos en él.*
>
> 1 de Juan 2:5

La gente dice: "Quiero la perfección del amor de Dios, entonces lo que tengo que hacer es obedecer su Palabra, y así el amor de Dios se perfeccionará en mí". No, esto está diciendo exactamente lo opuesto. Si el amor de Dios se perfecciona en ti, eso hará que obedezcas La Palabra.

Si lo puedes ver esto es muy simple, pero si no puedes, esta verdad es como uno de esos cuadros de tercera dimensión que cuelgas en la pared. En la superficie, simplemente se ve una figura. Pero si clavas la vista, de repente la imagen en tercera dimensión sale. Entonces—ya que la viste—no puedes dejar de percibirla. Pero si no la percibes, puedes ver el cuadro y perderte la verdadera imagen.

Así es con estos versículos. La gente los ve y simplemente no puede entender. Piensan que 1 de Juan 2:3-5 está diciendo que tenemos que guardar los mandamientos para que podamos tener el amor de Dios. ¡No! Está diciendo que si comprendemos el amor de Dios—y tenemos una relación con Él—eso hará que guardemos los mandamientos. Vivir una vida santa es un fruto—no una raíz—de la relación con Dios. Es un subproducto del hecho de conocerlo.

Por lo tanto, debemos recibir una revelación del amor incondicional de Dios para nosotros antes de que podamos guardar los mandamientos. Enseñarle a la gente: "Guarda los mandamientos y entonces Dios te amará, te aceptará, y contestará tus oraciones", es tratar de hacer que la gente haga algo que es incapaz de hacer. No puedes dar lo que no tienes.

Sé honesto contigo mismo. ¿Padeces dislexia espiritual? ¿Has recibido una revelación del amor incondicional de Dios?

CAPÍTULO 20

Motivado Por El Amor

La vida Cristiana no es difícil—¡es imposible! Es totalmente, físicamente y humanamente imposible de vivir.

> *Pero yo* [Jesús] *os digo, No resistáis al que es malo; antes a cualquiera que te hiera en la mejilla derecha, vuélvele también la otra. Y al que quiera ponerte a pleito y quitarte la túnica, déjale también la capa. Y cualquiera que te obligue a llevar carga por una milla, vé con él dos.*
>
> Mateo 5:39-41

Eso no solamente es difícil de hacer—¡es imposible! La naturaleza humana no responde así. La carne quiere pelear, herir a alguien o hacer lo que tenga que hacer para defenderse. Pero Dios nos ha pedido hacer cosas que son totalmente imposibles.

Así que, en primer lugar, debemos tener relación con Dios. Entonces, no somos nosotros viviendo nuestra vida, sino Cristo viviendo en y a través de nosotros (Gá.2:20).

Cuando tienes una relación con Dios y comprendes Su perfecto amor, entonces eres capaz de cambiar y perdonar a alguien porque tú has sido perdonado. Cuando tú recibes Su amor incondicional, eres capaz de cambiar y amar a la gente que no lo merece porque tú comprendes que Dios te ha amado de esa forma. Sin embargo, en general, no hemos estado haciendo esto.

Surcos Profundos

Le hemos estado diciendo a la gente que empiece a hacer lo correcto, "y si haces suficientes cosas buenas entonces Dios te amará, te aceptará y todas estas cosas funcionarán". ¡Eso es imposible! La gente no puede vivir de acuerdo a ese estándar: los aleja de Él.

Recientemente platiqué con una dama que fue educada en una iglesia Pentecostal por su Padre. Ella recuerda escucharlo hablar en lenguas. Cuando ella recibió el bautismo en el Espíritu Santo recientemente, él estaba tan emocionado que lloró. Él había vuelto a tomar, tenía problemas, y no estaba sirviendo al Señor. Ella me preguntó si yo sabía qué hacer al respecto. No conozco todas las razones, pero parte del problema es que él ha estado tratando de hacer lo correcto toda su vida y ha fallado. Es imposible hacer lo correcto todo el tiempo. Todos fallamos a veces, pero ahora él siente culpa y condenación. Aun así él todavía es sensible a Dios. Cuando su hija recibió el bautismo en el Espíritu, a él se le escurrieron las lágrimas por la cara. Él ama a Dios, pero no puede cumplir con el "estándar". Así que toda esa condenación está golpeándolo.

Así no es como La Palabra de Dios fue diseñada para operar. El Señor quiere que entremos a una relación con Él; y que recibamos Su amor. Es entonces, cuando el amor de Cristo nos constriñe (2 Co.5:14). El amor de Dios simplemente fluirá a través de nosotros.

Me gustaría tener una mejor forma para hacer que la gente entienda lo que estoy diciendo, porque lo que estoy diciendo es contrario a la manera en que muchos han pensado por mucho tiempo. Nos han enseñado esto tanto y por tanto tiempo, que esta actitud es como manejar por una carretera sin asfalto que tiene surcos tan profundos que no puedes eludirlos. Cada vez que viajas por esa carretera, simplemente caes en los mismos viejos surcos. La gente simplemente cae automáticamente en los mismos patrones de pensamiento porque éstos se han dicho muy a menudo, en voz muy alta, y muchas veces; pero la verdad es diferente a lo que las personas piensan hoy en día.

"La Gran Tarea"

Tuve una conversión genuina a los ocho años de edad. Al día siguiente mis compañeros de escuela, sin que yo les dijera nada, se dieron cuenta y me ridiculizaron. Por lo tanto, hubo fruto inmediato en mi nueva vida en Cristo. Supe que había sido salvo genuinamente. Pero aunque amaba al Señor con todo mi corazón, caí en esta trampa de pensar que tenía que hacer algo para lograr que Dios me amara. Por lo tanto siempre estaba haciendo cosas. En realidad no tenía una revelación del amor de Dios para mí. Podría haber dicho: "Dios me ama", pero en realidad no lo entendía. No me había dado cuenta que el amor de Dios era incondicional; o no hubiera estado siempre tratando de hacer algo para que Él me amara más.

Yo volvía a dedicarle mi vida al Señor cada vez que había un servicio en mi iglesia. No importaba que tuviéramos reuniones especiales cada noche por una semana, yo pasaba al frente. Si hubiera tenido una máquina "re-dedicadora", la hubiera desgastado por el uso. Siempre estaba en la búsqueda de Dios, pero pensé que tenía que hacer algo para lograr que Él me amara.

Como era un introvertido por naturaleza, no podía ver a las personas a la cara y hablarles. Cuando estaba en el último año del bachillerato, si me cruzaba por la calle con la gente y decían: "Buenos días", no les podía contestar hasta después de caminar dos cuadras. Simplemente no podía hablar con la gente.

Sin embargo, aunque era un introvertido y tenía todos estos problemas, me habían dicho: "Tienes que hacer todas estas cosas y si haces suficientes cosas buenas, entonces Dios te aceptará". Así que estudié cursos para ganar almas, me motivé a mí mismo, y salí a tocar puertas para hacer "las visitas a los adultos" cada jueves en la noche. Me hice tan fervoroso que inicié las visitas especiales para los jóvenes los martes en la noche, aparte de todo lo demás. A la edad de catorce años, ya había entrenado a otros para ganar almas y estaba "guiando" a tres o cuatro personas "hacia el Señor" cada semana. Les hacía repetir una oración después de mí. Después regresaba a la iglesia con "mi trofeo" y le mostraba a todos lo que había hecho, tratando de ganar aceptación y aprobación. Estaba haciendo todas estas cosas—visitas los martes y los jueves por la noche, leer mi Biblia todos los días, nunca perderme una reunión de la iglesia, y así sucesivamente—pensando que estaba haciendo una gran tarea y tratando de ganarme el amor de Dios.

De Sol a Sol

Después, el 23 de Marzo de 1968, tuve la experiencia donde Dios me reveló Su amor por mí. En primer lugar me mostró que mi justicia propia y todas las cosas de las que estaba tan orgulloso eran una ofensa para Él. Me mostró que yo estaba confiando en mí mismo y en mi propia bondad. Honestamente pensé que Dios me iba a matar. Por una hora y media me quité la máscara y confesé todos mis pecados diciendo: "¡Dios, lo siento!" No sabía lo mal que estaba, que era un gran fariseo religioso. Así que me arrepentí de todo eso, y honestamente esperaba que Dios me matara esa noche. Cuando vi lo malo que yo era, pensé que era la primera vez que Dios se daba cuenta. De acuerdo a la forma de pensar que yo tenía en ese tiempo—que Él trata con nosotros con base en nuestro comportamiento—merecía recibir la muerte. Así que confesé todo—con la esperanza de que si Él me mataba, no me fuera al infierno sino al cielo. Para mi gran sorpresa, después de confesar todo eso, el amor de Dios se derramó en mi vida por casi cuatro meses y medio. Estaba en otra dimensión—atrapado en el amor de Dios. De una forma tangible, supe que Dios me amaba. ¡Fue maravilloso!

Supe que el amor de Dios por mí era incondicional. Supe que yo no había hecho nada para merecerlo. Supe que no había nada que alguna vez pudiera hacer para lograr que Dios me amara. Su amor por mí estaba totalmente desconectado de mí, separado de cualquier cosa que yo merecía. Lo único que tenía que hacer era o recibirlo o rechazarlo, pero Dios me amaba apasionadamente, y esto era algo completamente independiente de lo que yo merecía.

El comprender eso, no ocasionó que yo quisiera servir menos a Dios. Dejé de asistir a las visitas de evangelismo de los martes y jueves por la noche, porque me di cuenta que aunque estaba haciendo de tres a seis, o hasta ocho, visitas por semana para invitar a la gente a la iglesia, aun así había muchas otras personas a las que no les ministraba. Así que dejé esas visitas y empecé a hablarle a todo lo que se movía. Evangelizaba de sol a sol. ¡Estaba tocando cien puertas por día!

En una ocasión, verdaderamente hice una promesa de que nunca vería a una persona sin hablarle de Jesucristo. Cumplí con esa promesa por casi un año. Finalmente, fui reclutado por el ejército durante la guerra de Vietnam. Recuerdo estar formado en posición de ¡firmes! viendo a cientos de soldados pasar marchando, y yo sin poder hablarles. Pensé: "Dios, voy a tener que romper esta promesa, porque las condiciones en las que me encuentro no me permiten cumplir con ella". Pero casi por un año, hablé con todos. A veces entraba a un restaurante, y me levantaba para orar por la comida de todos en voz alta. Volteaban a verme y yo les decía: "¡Ustedes también necesitan bendecir su comida!" Actuaba en una forma muy irritante, pero haciendo eso, vi algunas personas ser vueltas a nacer. A veces veía a la gente salir de la tienda con un paquete de cigarros o una botella de licor, y les decía: "¡Te vas a ir al infierno. Necesitas arrepentirte!" Eso era legalismo, aunque estuviera motivado por el amor. Simplemente yo no sabía otra forma de hacerlo. Así lo hacían todos aquellos con los que me relacionaba.

La Misma Acción, Pero Con Un Motivo Diferente

En vez de sentir que yo tenía que hacer algo para obtener el amor de Dios, ahora he comprendido que Él me ama. Entonces instantáneamente empecé a compartir con la gente. Empecé a hablar con las gentes del Señor. Dediqué mi vida a tratar de compartir este amor con otras personas. Si verdaderamente te enamoras de Dios, nadie va a tener que convencerte para que salgas a evangelizar a la gente.

Como pastor, ¿tienes problemas para motivar a la gente en tu iglesia para que evangelicen? Les preguntas: "¿Por qué no compartes tu fe? ¿Por qué no les hablas del Señor a las personas con las que trabajas? ¿Por qué no les hablas a otros sobre Dios?" Eso simplemente es un síntoma del problema. El problema es que ellos verdaderamente no han recibido el amor de Dios. Ellos verdaderamente no saben cuánto los ama Dios. Si lo supieran, ¡no serían capaces de mantenerse callados!

Usas la condenación y dices: "Si tú no evangelizas, algún día estarás enfrente de Dios sin estrellas en tu corona, y serás avergonzado". Así que la gente saldrá y empezará a tocar puertas, no porque amen a otros, sino porque se aman a sí mismos. No quieren ser avergonzados. Puesto que lo están haciendo con el miedo y la condenación como base, su "evangelismo" viene a ser como metal que resuena, o címbalo que retiñe (1 Co. 13: 1). No hay amor en eso. La gente se ofende por los "fanáticos" que andan por ahí diciendo: "¡Arrepiéntete o ya verás. Torna o truena!" El problema es que no están "evangelizando" motivados por el amor. Lo están haciendo tratando de obtener el amor de Dios y ganar Su favor.

Necesitamos hablarle a la gente del amor de Dios. Necesitamos mostrarles lo bueno que Él es. Si alguna vez recibieran una revelación de eso, irían y se lo dirían a todo el mundo. El asunto es la motivación. Estamos tratando de que la gente haga las mismas acciones, pero con motivos totalmente diferentes.

¿Nuevo O Viejo?

Hermanos, no os escribo mandamiento nuevo, sino el mandamiento antiguo que habéis tenido desde el principio; este mandamiento antiguo es la palabra que habéis oído desde el principio. Sin embargo, os escribo un mandamiento nuevo, que es verdadero en él y en vosotros, porque las tinieblas van pasando, y la luz verdadera ya alumbra.

1 Juan 2:7, 8

Esto suena un poco confuso. Juan dijo: "Éste no es un nuevo mandamiento, es el mandamiento antiguo—el mismo que has escuchado desde el principio". Después cambió de dirección y dijo: "Es un nuevo mandamiento". ¿Qué es? ¿Es un mandamiento antiguo o uno nuevo? Es las dos cosas.

Lo que quiso decir es que, ninguna de las reglas ha cambiado. No es que supuestamente tú no debas amar al Señor, adorar a

Dios, estudiar La Palabra, orar, y buscarlo; no es que tú no debas amar a la gente y tratarlos correctamente. Es la misma cosa que el Antiguo Testamento dijo, pero ahora con un motivo diferente. Por lo tanto, ahora es un mandamiento novísimo porque en vez de ordenarte que hagas todas estas cosas, Dios está diciendo que lo ames a Él y a las personas. Conforme lo hagas, automáticamente harás estas otras cosas.

Nunca le mentirías a alguien a quien verdaderamente amas. Cuando mientes estás manipulando a esa persona. Estás cambiando los hechos y sacando ventaja de eso. Nunca le mentirías a alguien a quien verdaderamente amas, porque eso hace que esa persona actúe con información falsa. Estás sacando ventaja de esa persona. Cuando mientes, simplemente estás operando por amor a ti mismo. No te importa la otra persona. Simplemente vas a hacer lo que sea necesario para sacar ventaja de esa persona.

Si verdaderamente amaras a alguien, no le robarías. Si alguna vez le robas algo a alguien—sea tu jefe, tus padres, tu amigo o un extraño— es porque no te importa. Tú no sabes cuál es su situación, y no te importa. Tú simplemente quieres algo y lo vas a tomar. Todo lo que estás haciendo es pensar egoístamente. Todo robo simplemente es amor por uno mismo, no es amar a otras personas.

Recibe El Amor De Dios

Si verdaderamente amaras a otras personas, nunca hablarías mal de ellas. Nunca dirías cosas a sus espaldas que pudieran dañarlos. ¿Si descubrieran lo que dijiste, te avergonzarías de repente y ya no lo dirías? Eso no es porque te intereses por ellos. Sólo estás interesado por ti mismo, y dirías cualquier cosa que te aprovechara, cualquier cosa que se te antoje. Simplemente no te interesas por otras personas. El chisme sólo te importa cuando te va a costar algo, o va a hacer que te veas mal.

Si verdaderamente amáramos a la gente, no chismearíamos, no robaríamos, no mentiríamos ni la trataríamos de la forma como lo hacemos. Si verdaderamente amáramos a Dios, los líderes de la iglesia no tendrían que forzarnos para estudiar La Palabra, reunirnos con otros creyentes, o hacer cualquier otra cosa. El meollo del asunto es que todavía le estamos diciendo a la gente: "Tienes que amar a Dios y hacer todas estas cosas".

Sin embargo, tenemos una motivación nueva. No le estoy diciendo a la gente que no deberíamos estar sirviendo a Dios y hablándole de Jesucristo a otros. Simplemente estoy diciendo que en primer lugar necesitas recibir el amor de Dios por ti. Necesitas comprender que el Señor no te va a amar más si tú haces todo correctamente, y no te va a amar menos si haces todo mal. Si alguna vez pudieras obtener la revelación de eso y recibieras el amor de Dios, Su amor haría que vivieras una vida de santidad.

CAPÍTULO 21

Dios Mira El Corazón

Amados, amémonos unos a otros; porque el amor es de Dios. Todo aquel que ama, es nacido de Dios, y conoce a Dios.

1 Juan 4:7

La gente dice: "Bueno, quiero ser nacido de Dios y conocer a Dios, entonces ¿qué es lo que tengo que hacer? Tengo que amar a todo el mundo". No, este versículo dice lo opuesto. Dice que si tú conoces a Dios, entonces serás nacido de Dios y amarás a otras personas. Guardar los mandamientos y hacer estas cosas es un producto derivado de —no el medio por el cual logramos— nuestra relación con Dios.

El que no ama, no ha conocido a Dios; porque Dios es amor.

1 Juan 4:8

La gente dice: "Bueno, quiero conocer a Dios, entonces ¿qué tengo que hacer? Tengo que amar a las otras personas". No, este versículo está diciendo lo opuesto. Dice que si tú comprendieras el amor de Dios por ti y llegaras a conocerlo, entonces terminarías amando a otras personas porque Dios es amor. Si estás lleno de Dios, estarás lleno de amor. ¿No es simple esto?

Primero Recibe Y Después Da

En esto se mostró el amor de Dios para con nosotros, en que Dios envió a su Hijo unigénito al mundo, para que vivamos por él. En esto consiste el amor: no en que nosotros hayamos amado a Dios, sino en que él nos amó a nosotros, y envió a su Hijo en propiciación por nuestros pecados.

1 Juan 4:9, 10

¡Qué verdad tan grandiosa! No es que tú ames a Dios en primer lugar, y luego Él te corresponda. ¡Dios nos amó primero! En primer lugar debes recibir el amor de Dios—después puedes amar a Dios y amar a otros.

No puedes dar lo que no tienes. No puedes tratar a otras personas correctamente si tú piensas que Dios te está tratando mal. Si tú piensas que Dios está tratando contigo con base en tu comportamiento, terminarás reproduciendo lo mismo y darás a otras personas lo que se merecen. Serás malo como una serpiente.

Escuché sobre alguien que fue a una escuela religiosa. Esta persona dejó de ser una linda persona y se convirtió en una mala persona. Eso es lo que la religión hace, porque están enseñando que "¡Dios es un Dios duro!"

En algunos institutos Bíblicos, se cree que si los hombres no usan camisas de manga larga, "se van a ir al infierno". Una escuela que yo conozco expulsaría a alguien por usar una camisa roja porque ése "es el color de la bestia". Eso simplemente es legalismo. Dios no está enojado contigo por la forma como te vistes.

El Peinado Las Joyas Y El Maquillaje

Otras personas dicen: "No puedes usar nada de maquillaje, o de joyería". Se basan en 1 de Pedro 3, que dice:

> *Vuestro atavío no sea el externo de peinados ostentosos, de adornos de oro o de vestidos lujosos.*
>
> 1 Pedro 3:3

Dicen: "No debes arreglarte el cabello ostentosamente, o usar joyas". Bueno, si siguieran leyendo, verían que este verso continúa y dice…

> *Ni en compostura de ropas.* [Versión SRV. 1909 Reina Valera]
>
> 1 Pedro 3:3

¿Significa eso que se supone que no debemos usar ropa? ¡Por supuesto que no! Todo este pasaje simplemente está enfatizando: "No pongas tu enfoque en la parte exterior".

He conocido mujeres pentecostales que se ponían cinco capas de maquillaje para ocultar sus mejillas rosadas. Como sus mejillas eran naturalmente rosadas, se esforzaban para verse pálidas y feas. Personalmente, creo que si la fachada de tu casa necesita pintura, píntala. Si necesita dos capas, ¡dale dos capas! Pero eso no es de lo que este pasaje está hablando.

Una Vida Santa

> *Amados, si Dios nos ha amado así, debemos también amarnos unos a otros. Nadie ha visto jamás a Dios. Si nos amamos unos a otros, Dios permanece en nosotros, y su amor se ha perfeccionado en nosotros.*
>
> 1 Juan 4:11-12

La gente dice: "Bueno, queremos que Dios habite dentro de nosotros, entonces ¿qué es lo que tenemos que hacer? ¡Tenemos que amarnos los unos a los otros!" No, esta cita dice exactamente lo opuesto. Si tú recibes el amor incondicional de Dios, y permites que ese amor habite en ti, terminarás amando a la gente.

> *En esto conocemos que permanecemos en él, y él en nosotros, en que nos ha dado de su Espíritu. Y nosotros hemos visto y testificamos que el Padre ha enviado al Hijo, el Salvador del mundo. Todo aquel que confiese que Jesús es el Hijo de Dios, Dios permanece en él, y él en Dios. Y nosotros hemos conocido y creído el amor que Dios tiene para con nosotros. Dios es amor; y el que permanece en amor, permanece en Dios, y Dios en él.*
>
> 1 Juan 4:13-16

Y así podríamos continuar con esto. Si no entiendes lo que estoy diciendo, el libro de 1 de Juan te dará la impresión de que tú tienes que hacer cosas meritorias y después Dios responde. Pero en realidad está diciendo lo opuesto. Está diciendo que si verdaderamente conoces a Dios terminarías viviendo una vida santa.

Las Acciones Son La Evidencia

Vivir una vida santa no nos gana favor con Dios, pero sí es la evidencia de Su presencia en nuestra vida. Si alguien viene a mí y dice: "Seguro, yo conozco a Dios. Él y yo tenemos una relación íntima. Tengo comunión con Él y lo amo con todo mi corazón. ¡Somos los mejores amigos!" Si no confían en Dios con relación a lo que dan, si están mintiendo, robando, y cometiendo adulterio—y no estoy hablando de una sola ocasión sino que es su estilo de vida; simplemente están viviendo como el diablo—pueden decir lo que quieran, pero yo no lo creo. Esas cosas no reflejan a Dios en la vida de una persona.

"¿Pero Andrew, no contradice eso todo lo que has dicho?" No, hay un balance perfecto. Nuestra santidad no hace que Dios nos ame. Pero si el amor de Dios está habitando en nuestro interior, y nosotros estamos permaneciendo en ese amor, Su amor hará que vivamos una vida santa. "Vivir una vida santa" no significa que vives conforme a todas las reglas y normas de alguna secta religiosa. Mucho de lo que llaman "santo" no es necesariamente santo. Pero el amor de Dios hará que lo ames y que ames a la gente.

Si tú dices: "Verdaderamente conozco a Dios. Tenemos una relación muy buena"; pero eres malo como una serpiente—tú no amas a otros, nunca haces nada por nadie, no piensas en nadie más que en ti mismo, puedes ver a la gente en necesidad y no te importa—puedes decir lo que quieras, pero La Palabra de Dios dice:

> *El que tiene bienes de este mundo y ve a su hermano tener necesidad, y cierra contra él su corazón, ¿cómo mora el amor de Dios en él?*
>
> 1 Juan 3:17

Puedes decir que amas a Dios, pero la verdad es que puedes deducir por tus acciones si Su amor verdaderamente mora en ti o no.

Religión O Verdadero Cristianismo

En vez de pensar: "Tengo que ganar la bendición de Dios al hacer estas cosas", necesitas reconocer que vivir correctamente, tratar bien a otros, amar a tu cónyuge, y así sucesivamente son productos derivados de una relación con Dios. Si tienes un temperamento fuerte y pierdes los estribos, no digas: "¡Ay, Dios mío ayúdame a renunciar a esto!" y no empieces a intentar de tratar a otros bien para que Dios te ame. En vez de eso haz lo contrario y di: "Padre, reconozco que la razón por la que soy así es que no te conozco. En realidad no he recibido tu amor. Simplemente estoy tratando a la gente de la forma como creo que Tú me estás tratando a mí. ¡Señor, necesito una revelación de tu amor por mí!" Si tomaras estas verdades de las que hemos hablado en este estudio—que todos tus pecados han sido pagados, que Dios no está enojado contigo, y así sucesivamente—y meditaras en ellas, el Señor te revelaría Su amor por ti. Una vez que te enamores de Dios y que Su amor empiece a fluir en tu vida, ese amor hará que vivas una vida santa. Tendrás por…

> *Fruto la santificación, y como fin, la vida eterna.*
>
> Romanos 6:22

La santidad es el fruto—no la raíz—de la salvación. Aquí es donde la religión se ha equivocado.

> *El hombre mira lo que está delante de sus ojos, pero Jehová mira el corazón.*
>
> 1 Samuel 16:7

Ésta es una forma como puedes darte cuenta si a lo que estás expuesto es religión o si es verdadero Cristianismo. La religión siempre se enfoca en el aspecto exterior de una persona. Siempre están tratando de que limpies el exterior—arregla esto y deja de hacer aquello—porque eso es lo que el hombre ve y con lo que trata. En realidad no les importa el corazón. Con que vengas a la iglesia, pagues tu diezmo, y te vistas como ellos quieren cuando estás allí, en realidad no les importa lo que haces durante la semana. No importa si tu corazón está bien o no. La religión simplemente trata con lo externo, pero Dios trata con el corazón.

Muy Poca Ropa

El Señor quiere entrar, tocar tu corazón, y revelarte su amor por ti. Si eso sucede alguna vez, lo demás funcionará.

Mi esposa Jamie y yo fuimos pastores de una pequeña iglesia en Childress, Texas. Un día, llevamos a un grupo pequeño a un parque de día de campo. Cuando estábamos ahí, nos cruzamos con una familia—el esposo, la esposa, y su hija de dos años—quienes habían estado viviendo en la parte de atrás de su camioneta. Resultó que ellos acababan de dejar de vivir en un campo nudista donde habían estado viviendo por tres años. Estaban en la bancarrota y se habían quedado sin gasolina en este parque donde estábamos teniendo nuestro día de campo. Así que se acercaron y nos pidieron algo de comida.

Empezamos a darles algo de comer y a compartir el Evangelio con ellos. No se habían bañado en días, por lo tanto algunas de las personas en nuestro grupo los recibieron en sus casas y empezaron a ayudarles para que pudieran limpiarse; les dieron ropa, y cosas por el estilo. Le ayudamos a esta pareja a recibir al Señor y fueron vueltos a nacer. Así que empezaron a venir a la iglesia.

Esta mujer tenía bonita figura. Como habían estado en un campo nudista por tanto tiempo, todo su guardarropa consistía en shorts y camisetas escotadas. Era todo lo que tenía, así venía vestida a la iglesia. Nos sentábamos en un semicírculo. No podías evitar verla porque todos estábamos de frente. Durante la alabanza, ella empezaba a saltar, brincar y alabar a Dios. Dejaba muy poco a la imaginación.

"¡Cúbrete!"

Esto empezó a causar algunos problemas con las otras gentes en la iglesia, así que varios de ellos se acercaron a mí exigiendo:

"¿No le vas a decir que tiene que ponerse algo de ropa?" Yo contesté: "No le dijimos eso antes de que fuera vuelta a nacer. No la cubrimos con una sábana y le dijimos que Dios no la salvaría si no se ponía algo de ropa. Denle algo de tiempo. Ella acaba de volver a nacer. Permítanle disfrutar del hecho de que Dios la ama. Él le mostrará algunas cosas. Pero mientras tanto yo no la voy a condenar".

Por lo tanto le permitimos a esta mujer que continuara viniendo a la iglesia. No mucho tiempo después, vino a uno de los estudios bíblicos de Jamie. Se levantó y le dijo a estas mujeres: "Nunca he tenido un vestido en toda mi vida. Verdaderamente me gustaría tener un vestido. ¿Podrían orar conmigo?" No sólo oraron con ella, sino que en menos de una hora después de ese estudio bíblico ella tenía docenas de vestidos que le llegaban hasta el cuello y hasta los tobillos. Vino a la iglesia esa noche presumiendo su vestido y alabando a Dios. "Miren lo que el Señor ha hecho". Nunca nadie le dijo: "Dios está enojado contigo. Él no te ama por la forma como te vistes". Al final todo salió bien.

Sin embargo, la mayoría de la gente tomaría una actitud diferente y le diría: "¡Cúbrete!" en vez de simplemente dejar que el amor de Dios le hablara al pasar el tiempo. Ella y su esposo acababan de ser salvos milagrosamente. Aunque cosas buenas estaban sucediendo, se requiere tiempo para cambiar toda tu vida en una nueva dirección. La religión sólo quiere tratar con lo exterior. Queremos que se vistan como nosotros, que sean tan monótonos como nosotros, y que hagan todas estas cosas para que nos sintamos mejor. Pero no nos importa lo que está sucediendo en sus corazones. El Señor no es así.

Dios estaba más satisfecho con esa mujer que venía a la iglesia con shorts y camisetas escotadas que con muchos Cristianos que nunca se han vestido de esa forma. ¿Por qué? Su corazón estaba bien. Ella estaba enamorada de Jesucristo y estaba alabándolo. Dios vio su corazón y dijo: "¡Maravilloso!"

Dios Es Lo Máximo

Una vez, cuando estaba predicando en Phoenix, una mujer estaba tan emocionada que literalmente estaba saltando de arriba abajo en la primera fila. En el intermedio, me acerqué y platiqué con ella. Esta mujer acababa de haber vuelto a nacer hacía un mes, así que le pedí que subiera a la plataforma para dar su testimonio.

Ella se levantó en frente de todo el grupo, su lenguaje estaba impregnado de palabras profanas. ¡Dijo palabras que yo ni siquiera conocía! Ahí estaba diciendo: "¡Dios es lo más… (palabra censurada) que me ha sucedido! ¡Es mejor que el sexo! ¡Es mejor que las drogas!" Simplemente estaba diciendo cosas que harían que un marinero se ruborizara.

Cuando la gente empezó a reaccionar, ella me vio y preguntó: "¿Estoy diciendo algo malo?"

Contesté: "No. ¡Lo estás haciendo muy bien!" Así que ella terminó con su testimonio.

Después la gente vino a mí y preguntaron: "¿Por qué no le dijiste que se detuviera y que no lo hiciera?" Una vez más, eso simplemente es religión. No estoy diciendo que debemos usar palabras profanas, sino que Dios estaba viendo su corazón y ella no sabía que los Cristianos no hablan de esa forma. Regresé a esa ciudad el año siguiente. Esta mujer vino a verme y dijo: "¡Lo siento! Acababa de ser vuelta a nacer. No sabía que los Cristianos no hablan de esa forma. Pensé que todo el mundo hablaba de esa forma". Ella aprendió.

Dios estaba más complacido con esta mujer que usaba palabras profanas para dar testimonio de lo bueno que Él es, que con muchos Cristianos que nunca usarían ese vocabulario. Posiblemente ellos tengan la apariencia religiosa, pero no conocen a Dios. No están emocionados por Él. ¡Dios mira el corazón!

CAPÍTULO 22

Recibe Su Amor

Cuando veas a alguien enamorarse de Dios, no trates de silenciar ese amor y conformar a esa persona a tu molde religioso. ¡Simplemente motívalo a continuar en el amor de Dios! El amor de Dios hará que empiece a observar los mandamientos.

Estamos totalmente equivocados. Necesitamos cambiar nuestra mentalidad. Si estás pecando, es porque el amor de Dios no está emanando a través de ti. Si estás cometiendo adulterio y dices: "¡Ay Dios!, ayúdame a dejar de actuar con lujuria para que pueda empezar a obtener las respuestas a mis oraciones". Eso está muy mal. Si estás actuando con lujuria, es porque no amas a Dios con todo tu corazón, y no estás amando a tu cónyuge. Si lo hicieras, entonces nunca harías nada para lastimarlo. No estás recibiendo y dando el amor de Dios.

Ciertos segmentos en el cuerpo de Cristo ponen mucho énfasis en lo que llaman "Grupos de ayuda con responsabilidad personal". Se reúnen con el propósito de supervisar el comportamiento personal. Esencialmente, alguien te va a estar supervisando. Si tu intención es mentirle a Dios haciendo algo a sus espaldas, encontrarás una forma para esquivar a tu "Grupo de ayuda con responsabilidad personal". Posiblemente ese grupo de ayuda sea un elemento a considerar— algo así como una protección en contra del pecado—pero no debería ser tu fuente primordial de defensa.

Lo que debe mantenerte en el camino correcto es tu propia relación personal con Dios; debería ser el hecho de que Él te ama.

José

Cuando la esposa de Potifar presionó a José para que cometiera adulterio con ella, él dijo:

> *¿Cómo pues, haría yo este grande mal, y pecaría contra Dios?*
>
> Génesis 39:9

José no consideró si lo iban a descubrir o no. Él no pensó en lo mucho que había sufrido. Después de todo lo que le había pasado, habría sido fácil para él racionalizar y decir: "Merezco complacerme esta vez", pero él no lo hizo. José tenía una relación personal con Dios. Eso es lo que lo mantuvo firme.

Esto es lo que falta en la vida de muchas personas. Tenemos un sistema de reglas, y estamos haciendo todas estas cosas. Estamos practicando "la modificación de la conducta".

A lo mejor estás tratando de dejar de fumar, de tomar, o dejar algún otro hábito dañino, pensando que al hacerlo eso hará que Dios te acepte. Sin embargo, el problema es que en tu corazón simplemente no has comprendido lo mucho que Dios te ama. No lo has estado disfrutando. Si verdaderamente te enamoraras de Dios, te darías cuenta que estas otras cosas se esfumarían.

Dios te ama independientemente de tu comportamiento. Si alguna vez verdaderamente recibes una revelación de eso y lo entiendes, estarías muy agradecido de que Dios Todopoderoso—el único que verdaderamente tiene derecho a odiarte—te ama. Si recibieras una revelación de Su amor incondicional, te enamorarías tan profundamente de Él que renunciarías a la goma de mascar si pensaras que eso le iba a agradar a Él. Harías cualquier cosa. No importaría qué cosa. En vez de preguntarte: "¿Qué es lo mínimo que tengo que hacer para lograr que Dios conteste mi oración?" preguntarías por lo máximo que tienes que hacer. Servirías al Señor con todo tu corazón.

El Primer Paso

¡Dios nos ama! Si estuviéramos predicando el amor de Dios, la gente estaría entregando sus vidas por amor. El amor es una motivación mayor que el temor. Tú no tienes que tener temor, y preguntarte: "¿Qué sucederá si simplemente empiezo a amar a Dios? ¿Voy simplemente a ir a cometer pecado?" No. Terminarás sirviendo más a Dios sin proponértelo de lo que lo has hecho a propósito.

Un amigo mío en Chicago empezó a predicar sobre el amor y la gracia de Dios y dijo: "Simplemente necesitas amar a Dios. Él no está enojado contigo. Tú no te vas al infierno porque fumas". Algunos de los ancianos de la iglesia se enojaron mucho. En el transcurso de una o dos semanas, algunas de las gentes de la congregación empezaron a pararse a fumar en el peldaño de la entrada cuando la gente entraba y salía de la iglesia. Así que los ancianos de la iglesia fueron con el pastor y le dijeron: "¡Ve lo que tu predicación ha hecho! Ahora están ahí parados fumando porque estás diciendo que Dios los ama sin importar si fuman o no". Sabiamente, él contestó: "Vayan y pregúntenle si alguno de ellos ha empezado a fumar desde que empecé a predicar esto". ¡Ninguno de ellos lo había hecho! Lo que sucedió es que simplemente dejaron de ser hipócritas al respecto. Dejaron de tratar de ocultarlo con las pastillas de menta, con la esperanza de que nadie pudiera darse cuenta que fumaban. Fue su primer paso hacia la liberación.

No estoy abogando porque cambiemos los estándares. No es un nuevo mandamiento. Es la misma cosa, pero es un método nuevo. En vez de decirle a la gente que dejen de hacer esas cosas para que Dios los ame, diles: "Dios te ama a pesar de quién eres, no por quién eres". Dales a conocer el amor de Dios, y el amor de Dios hará que empiecen a vivir una vida santa. Los va a inspirar y a llenar de poder para que empiecen a hacer las cosas correctas.

Eso es lo que Jesucristo hizo. Él aceptó personas que eran prostitutas, publicanos, y ladrones—gentes que eran rechazadas por el sistema religioso. Si Jesucristo estuviera aquí hoy, yo creo que Él haría exactamente lo que hizo en los tiempos de la Biblia. Los líderes religiosos lo perseguirían y la gente religiosa lo crucificaría. Jesucristo no sobreviviría tres años en el sistema religioso de hoy en día. Lo crucificarían en un período de tiempo más corto. ¿Por qué? Porque Jesucristo amó a la gente de una forma totalmente independiente de su comportamiento. Luego Él hizo pacto con ellos—no con base en sus acciones —basado en si recibían Su amor o no.

La iglesia ha estado predicando el mensaje equivocado. El hombre tiende a ver lo carnal y a juzgar a la gente por sus acciones y su apariencia exterior. Necesitamos empezar a operar en el Espíritu y a amar a la gente sin condiciones. Sin embargo, no puedes dar lo que no tienes. En primer lugar, necesitas recibir el amor incondicional de Dios para ti.

Él Quiere Liberarte

¿Has estado padeciendo dislexia espiritual? ¿Estás tratando de vencer algún problema específico para que Dios te ame? ¿O estás diciendo en tu corazón: "Señor, necesito conocer tu amor por mí. Necesito revelación espiritual—no simplemente que se me ponga la carne de gallina o que tenga un sentimiento. ¡Dios, quiero ver Tu amor por mí!"?

Tan pronto como veas ese amor, éste transformará tu vida. Así es como me sucedió a mí.

Estás diciendo: "Señor, he estado percibiendo esto equivocadamente. He estado tratando de cambiar de afuera hacia adentro, en vez de adentro hacia afuera". ¿Te está mostrando el Espíritu Santo que necesitas una revelación del amor de Dios? Si es así, es porque Él quiere liberarte.

Sé honesto contigo mismo. Estás diciendo: "No tengo una revelación del amor de Dios. Necesito una transformación total. Necesito ser sanado de esta dislexia espiritual y recibir una revelación del amor de Dios". Si te sientes así, quiero invitarte a hacer una oración. Dios quiere hacer un milagro en tu corazón ahora mismo. Él quiere transformarte de adentro hacia fuera.

Cuando recibes una revelación del amor incondicional de Dios, y empiezas a caminar en eso, tus acciones cambiarán. El amor de Dios te liberará de cosas que te han atado. El perfecto amor saca fuera el temor.

Abre Tu Corazón

Dios tocó mi vida y me transformó. Dado que Él no hace distinción de personas, Él quiere revelarte a ti el mismo amor incondicional que me reveló a mí. Simplemente tienes que abrir tu corazón y recibir.

Ora con voz alta ahora:

Padre, mi enfoque ha estado en lo exterior. He estado tratando de dejar de cometer estas acciones y he tratado de limpiarme para que puedas amarme. Pero ahora veo que esto no es así en absoluto. Simplemente se trata de recibir tu amor. Padre quiero conocerte. Deseo recibir una revelación

espiritual de Tu amor. Tu Palabra dice que el Espíritu Santo me enseñará todas las cosas, me guiará a toda la verdad, y me recordará todas las cosas que Jesucristo me ha dicho. Ahora mismo, yo creo que me estás dando una revelación de Ti a través del Espíritu Santo. Por fe, yo recibo Tu amor incondicional.

Padre, te pido que quites estos sentimientos de culpa, vergüenza, confusión y condenación que una mentalidad religiosa ha producido en mi interior. Gracias por mostrarme Tu amor sobrenatural. Ahora mismo, yo creo que una semilla está siendo plantada dentro de mí y que crecerá. Conforme medito en estas verdades de Tu Palabra, ellas se están transformando en una convicción más profunda, una revelación más profunda de tu amor incondicional por mí. Te agradezco que sea Tu amor el que hará que yo empiece a vivir correctamente. Es Tu amor el que romperá estos yugos en mi vida. Yo recibo Tu amor. ¡Gracias Jesucristo!

¿Te ha lastimado alguien? ¿Han abusado de ti? ¿Estás transfiriendo esas cosas a Dios, pensando que Él te trata de la misma manera como estas personas lo han hecho? Eso está mal. No es lógico que tú estés enojado con Dios por la forma como otros te han tratado a ti. Dios no es así. Él no controla todas esas cosas. Dios es un Dios bueno. Él te ha sido fiel. ¡Dios nunca te ha fallado!

Ora:

Padre, Tú me has sido fiel. Tú has sido bueno conmigo. Por favor perdóname por tragarme la mentira del diablo de que Tú me amas sólo cuando soy digno de ser amado, sólo cuando hago las cosas bien. Perdóname por no ver esto en Tu Palabra y por permitir ser engañado. Creo que Tú me estás liberando de todo el yugo religioso. Estoy empezando a experimentar Tu amor incondicional ahora mismo. Destruyo

estas fortificaciones religiosas que se han erigido en contra del conocimiento de Ti en mi vida. Uso mis armas espirituales y me deshago de esa basura. Tomo cautivo todo pensamiento y lo traigo a la obediencia a Cristo.

Revelación Progresiva

Padre, te agradezco que el Espíritu Santo me traerá estas verdades a la memoria. Tu Palabra va a arder en mi interior hasta que limpie toda esta mentalidad negativa, y hasta que llegue a conocerte íntimamente como un Padre celestial que es bueno, misericordioso, y amable. Tú pusiste todo el juicio que yo merecía sobre Jesucristo. Tú no estás enojado conmigo. Tú no estás desilusionado de mí. La guerra ya terminó. Tu cólera en contra de mi pecado está satisfecha. Tú rechazaste a tu propio Hijo para que nunca me rechazaras a mí. ¡Gracias por amarme! ¡Yo recibo tu amor!

Te invito a que emplees algo de tiempo ahora mismo simplemente alabándolo y adorándolo. Permite que Su amor incondicional te inunde. Disfruta Su maravillosa presencia. Fuiste creado para tener una relación con Dios. ¡Aleluya!

Lo que estás recibiendo es una revelación progresiva. Aunque tuve ese encuentro con el Señor el 23 de Marzo de 1968, he crecido tremendamente en mi relación con Dios desde entonces. Tuve una experiencia emocional, pero las emociones no duran para siempre. Si no hubiera recibido la verdad, y no hubiera empezado a meditar en eso, ni hubiera aprendido estas cosas, hace mucho que hubiera perdido esa experiencia. Es la verdad que conoces y tienes establecida en tu corazón la que te libera (Jn. 8 32). No importa cómo te sientas. Tú puedes ministrarte esta verdad y controlar tus emociones. Puedes aprender a disfrutar la presencia de Dios aunque no se te ponga la carne de gallina. El amor de Dios no es un sentimiento. Es una revelación. La revelación puede producir sentimientos, pero los sentimientos vienen y van. No es así con la revelación. ¡Gloria a Dios!

Si pronunciaste esa oración con fe, definitivamente algo ha empezado. Ve a La Palabra de Dios. Empieza a orar y a buscarlo. Medita en estas verdades, y el Señor continuará revelándote Su amor por ti. Él prometió que cuando lo busques con todo tu corazón, lo encontrarás (Jer. 29:13). Dios es amor (1 Jn.4:8). Él anhela revelarse a ti, y atraerte a una relación más profunda con Él. ¡Gloria a Dios, la guerra ya terminó!

Recibe a Jesucristo Como tu Salvador

¡Optar por recibir a Jesucristo como tu Señor y Salvador es la decisión más importante que jamás hayas tomado!

La Palabra de Dios promete: "**Si confesares con tu boca que Jesús es el Señor, y creyeres en tu corazón que Dios le levantó de los muertos, serás salvo**" (Ro.10:9-10). "**Todo aquel que invocare el nombre del Señor, será salvo**" (Ro 10:13).

Por su gracia, Dios ya hizo todo para proveer tu salvación. Tu parte simplemente es creer y recibir.

Ora en voz alta: "**Jesús, confieso que Tú eres mi Señor y mi Salvador. Creo en mi corazón que Dios te levantó de entre los muertos. Por fe en Tu Palabra, recibo ahora la salvación. ¡Gracias por salvarme!**"

En el preciso momento en que entregaste tu vida a Jesucristo, la verdad de Su Palabra instantáneamente se llevó a acabo en tu espíritu. Ahora que naciste de nuevo, hay un Tú completamente nuevo.

Recibe al Espíritu Santo

Como Su hijo que eres, tu amoroso Padre Celestial quiere darte el poder sobrenatural que necesitas para vivir esta nueva vida.

> ***"Todo aquel que pide, recibe; y el que busca, halla; y al que llama, se le abrirá…Si vosotros…sabéis dar buenas dádivas a vuestros hijos, ¿cuánto más vuestro Padre celestial dará el Espíritu Santo a los que se lo pidan?"***
>
> (Lc. 11:10,13).

¡Todo lo que tienes que hacer es pedir, creer y recibir!

Ora: **"Padre, reconozco mi necesidad de Tu poder para vivir esta nueva vida. Por favor lléname con Tu Espíritu Santo. Por fe, ¡lo recibo ahora mismo! Gracias por bautizarme. Espíritu Santo, eres bienvenido a mi vida".**

¡Felicidades! ahora estás lleno del poder sobrenatural de Dios. Algunas sílabas de un lenguaje que no reconoces surgirán desde tu corazón a tu boca (1 Co. 14:14). Mientras las declaras en voz alta por fe, estás liberando el poder de Dios que está en ti y te estás edificando en el espíritu (1 Co. 14:14). Puedes hacer esto cuando quieras y donde quieras.

Realmente no interesa si sentiste algo o no cuando oraste para recibir al Señor y a Su Espíritu. Si creíste en tu corazón que lo recibiste, entonces La Palabra de Dios te asegura que así fue. **"Por tanto, os digo que todo lo que pidiereis orando, creed que lo recibiréis, y os vendrá"** (Mr. 11:24). Dios siempre honra Su Palabra; ¡créelo!

Por favor, escríbeme y dime si hiciste la oración para recibir a Jesús como tu Salvador o para ser lleno del Espíritu Santo. Me gustaría regocijarme contigo y ayudarte a entender más plenamente lo que ha sucedido en tu vida. Te enviaré un regalo que te ayudará a entender y a crecer en tu nueva relación con el Señor. "¡Bienvenido a tu nueva vida!"

Otras Publicaciones de Andrew Wommack

Espíritu, Alma y Cuerpo

El entender la relación entre tu espíritu, alma y cuerpo es fundamental para tu vida Cristiana. Nunca sabrás en realidad cuánto te ama Dios o creerás lo que Su Palabra dice sobre ti hasta que lo entiendas. En este libro, aprende cómo se relacionan y cómo ese conocimiento va a liberar la vida de tu espíritu hacia tu cuerpo y tu alma. Puede inclusive explicarte por qué muchas cosas no están funcionando de la forma que esperabas.

Código del artículo: 701

Título en inglés: *Spirit, Soul and Body*
ISBN: 1-59548-063-3

El Nuevo Tú

Es muy importante entender lo que sucedió cuando recibiste a Jesús como tu Salvador. Es la clave para evitar que La Palabra que fue sembrada en tu corazón sea robada por Satanás. La enseñanza de Andrew provee un fundamento sólido de Las Escrituras que te ayudará a entender. La salvación es sólo el inicio. Ahora es tiempo de ser un discípulo (aprender de Él y seguirlo). Jesús enseñó mucho más que sólo el perdón de pecados; Él trajo al hombre a una comunión con el Padre. Desde la perspectiva de Dios, el perdón de los pecados es un medio para alcanzar un objetivo. La verdadera meta es tener comunión con Él y ser más como Jesús.

Código del artículo: 725

El Espíritu Santo

¡Aprenda por qué el bautismo del Espíritu Santo es una necesidad absoluta! Vivir la vida abundante que Jesús proveyó es imposible sin esto. Antes de que los discípulos de Jesús recibieran al Espíritu Santo, eran hombres débiles y temerosos. Pero, cuando fueron bautizados con el Espíritu Santo en El día de Pentecostés, cada uno se volvió un poderoso testigo del poder milagroso de Dios. En Hechos 1:8 Jesús nos dice que el mismo poder está disponible para nosotros.

Código del artículo: 726

La Gracia, el Poder del Evangelio

Encuestas recientes indican que la mayoría de los Cristianos, aquellos que aseguran ser renacidos, creen que su salvación depende por lo menos en parte de su comportamiento y de sus acciones. Sí, creen que Jesús murió por su pecado, pero ya que lo han aceptado como su Salvador creen que aún deben cubrir ciertos estándares para ser lo suficientemente "buenos". Si eso es verdad, entonces ¿cuál es el estándar y cómo sabes que ya lo cumpliste? La iglesia ha tratado de contestar estas preguntas por siglos y el resultado siempre ha sido una esclavitud religiosa y legalista. Entonces, ¿cuál es la respuesta? Se debe empezar por hacer la pregunta correcta. No es: "¿Qué debemos hacer?" Más bien: "¿Qué hizo Jesús?" Este libro te ayudará a entender, por medio del libro de Romanos, la revelación del Apóstol Pablo de lo que Jesús hizo; nunca más preguntarás si estás cumpliendo con el estándar.

Código del artículo: 731

Título en Inglés: *Grace, The Power Of The Gospel*
ISBN: 978-1-57794-921-3

Acerca del Autor

Por más de tres décadas Andrew ha viajado por los Estados Unidos y por el mundo enseñando la verdad del Evangelio. Su profunda revelación de La Palabra de Dios es enseñada con claridad, simplicidad, enfatizando el amor incondicional de Dios y el equilibrio entre la gracia y la fe. Llega a millones de personas a través de sus programas diarios de radio y televisión *La Verdad del Evangelio*, transmitidos nacional e internacionalmente.

Fundó la escuela *Charis Bible College* en 1994 y desde entonces ha establecido extensiones del colegio CBC en varias ciudades principales de América y alrededor del mundo. Andrew ha producido una colección de materiales de enseñanza, disponibles en forma impresa, en formatos de audio y video. Y, como ha sido desde el inicio, su ministerio continúa proporcionando cintas de audio y CDS gratuitos a todos aquellos que no pueden adquirirlos.

Made in the USA
Monee, IL
19 October 2026

66035578R00125